중국의
근대,
근대의
중국

근대한국학 대중 총서 08

중국의 근대, 근대의 중국

초판 1쇄 인쇄 2024년 5월 17일
초판 1쇄 발행 2024년 6월 7일
–

엮은이 연세대학교 근대한국학연구소 인문한국플러스(HK⁺) 사업단 지역인문학센터
펴낸이 이방원

책임편집 이희도 **책임디자인** 양혜진
마케팅 최성수·김 준 **경영지원** 이병은
–

펴낸곳 세창출판사

신고번호 제1990-000013호 **주소** 03736 서울시 서대문구 경기대로 58 경기빌딩 602호
전화 02-723-8660 **팩스** 02-720-4579 **이메일** edit@sechangpub.co.kr **홈페이지** http://www.sechangpub.co.kr
블로그 blog.naver.com/scpc1992 **페이스북** fb.me/Sechangofficial **인스타그램** @sechang_official
–

ISBN 979-11-6684-327-3 94910
978-89-8411-962-8 (세트)

_ 이 책은 2017년 정부(교육부)의 재원으로 한국연구재단의 지원을 받아 수행된 연구임(NRF-2017S1A6A3A01079581)

근대한국학 대중 총서 08

중국의
근대,
근대의
중국

연세대학교 근대한국학연구소
HK⁺ 사업단 지역인문학센터

세창출판사

발간사

　인간은 언제부턴가 현상의 이유를 알고 싶어 하는 물음, 즉 '왜'라는 질문을 하기 시작했다. 어떤 철학자는 이 질문과 더불어 비로소 인간이 된다고 한다. 자연스럽게 경험되는 현상을 그 이유(reason)부터 알고자 하는 것, 그것이 곧 이성(reason)의 활동이고 학문의 길이다. 이유가 곧 이성인 까닭이다. '존재하는 모든 것에는 충분한 이유가 있다(충족이유율)'는 학문의 원칙은, 따라서 '존재는 이성의 발현'이라는 말이며, '학문에의 충동이 인간의 본성을 이룬다'는 말이기도 하다. 최초의 철학자들이 자연의 변화 이유를 알고 싶어 했었는데, 이내 그 모든 물음의 중심에 인간이 있음을 알게 된다. 소크라테스의 "네 자신을 알라"는 말은 물음의 방향이 외부에서 내부로 이행되었음을, 인간에게 가장 중요한 물음이자 답하기 어려운 물음이 인간 자신에 대한 물음임을 천명한다.

　자연과학이 인간에 대한 물음에 간접적으로 관여한다면 인문학(Humanities)은 인간을 그 자체로 탐구하고자 한다. 자연과학의 엄청난 성장은 인문학 역시 자연과학적이어야 한다는 환상을 심어 주었다. 대상을 객체로 탐구하는, 그래서 객체성(객관성)을 생명으로 하는 과학은, 주체성과 상호주체성으로 특징지어지는 인간의 세계뿐만 아니라 인간 역시 객체화한다. 인간이 사물, 즉 객체가 되는 순간이며, 사람들은 이를 인간성 상실이라고 말한다.

우리는 다시 묻는다. 나는 누구이며 인간은 무엇인가? 이 물음은 사물화된 인간에 대한 반성을 담고 있다. 인간이 이처럼 소외된 데는 객체화의 원인이라는 이유가 있을 것이다. 그것을 찾고자 인문학이 다시 소환된다. 자신의 가치를 객관적 지표에서 찾으려 동분서주했던 대중 역시 사물화된 자신의 모습에 불안해한다. 인간은 객관적 기술이 가능한 객체라기보다 서사적 존재이고, 항상적 본질을 반복적으로 구현하는 동물이라기보다 현재의 자신을 끊임없이 초월하고자 하는 실존적, 역사적 존재이다. 인간에게서는 실존이 본질을 앞선다. 문학과 예술, 역사, 그리고 철학이 사물화된 세계에서 호명된 이유이다.

한국연구재단은 이러한 사명에 응답하는 프로그램들을 내놓았다. 그것들 중에서도 "인문한국(HK, HK+)" 프로그램은 이 문제에 가장 직접적으로 대면한다. 여전히 성과, 즉 일종의 객체성에 의존하는 측면이 있기는 하지만 인문학자들의 연구활동과 대중의 인문 의식 고양에 획기적인 프로그램으로 자리 잡았다.

연세대학교 근대한국학연구소는 2017년 11월부터 한국연구재단으로부터 "근대한국학의 지적기반 성찰과 21세기 한국학의 전망"이라는 어젠다로 인문한국플러스(HK+) 사업을 수주하여 수행하고 있다. 사업단

내 지역인문학센터는 연구 성과 및 인문학 일반의 대중적 확산에 주력하고 있다. 센터는 강연과 시민학교, 청소년 캠프 및 온라인 강좌 등을 통해 전환기 근대 한국의 역동적인 지적 흐름들에 대한 연구소의 연구 성과들을 시민들과 공유하고 있다. 출간되는 대중 총서 역시 근대 한국의 역사, 문학, 철학 등을 인물별, 텍스트별, 주제별, 분야별로 대중에게 보다 폭넓게 다가가기 위해 기획되었다. 이 시리즈들을 통해 나와 우리, 즉 인간에 대한 물음에 함께하기를 기대한다.

연세대학교 근대한국학연구소
인문한국플러스(HK+) 사업단 지역인문학센터

차례

중국 근대철학의
파괴와 정립

한성구

단국대학교 일본연구소 HK+ 연구교수

1. 중국철학사에 근대는 있는가?

중국 현대철학자이자 철학사가인 펑유란[馮友蘭]은 1931년 발표한 그의 대표작 『중국철학사』에서 "중국은 사실상 고대와 중세의 철학만 있고 아직 근대철학은 없다"고 말했다. 서양철학은 중세가 끝날 무렵 사상이 완전히 변해서 이전 시대의 철학을 모방하거나 술어를 답습하지 않고 극히 새로운 정신과 경향으로 철학 체계를 만들었기 때문에 근대철학이라 불릴 만한 것이 있지만, 중국은 그렇지 않다는 것이다.

펑유란은 중국철학사를 자학시대(子學時代)와 경학시대(經學時代)로 구분했다. 자학시대는 춘추부터 한나라 초까지의 철학적 해방기를 가리키며 공자부터 회남왕(淮南王)까지를 포함한다. 이 시기는 사상적 역동성으로 철학적 일가를 이룬 자(子)의 출현과 활동으로 요약할 수 있다. 경학시대는 진시황의 분서갱유를 거치면서 사상과 제도가 통일되고 학술 활동이 역사적 권위를 가진 경전에 주를 다는 정도로만 진행된 시기를 가리킨다. 한(漢)대의 동중서(董仲舒)부터 캉유웨이[康有爲]까지 포함된다. 펑유란은 제자의 학[諸子之學]을 위주로 하던 자학시대에 비해 경학시대에는 새로운 요소가 약간은 있었지만, 학자들이 여전히 자학시대 철학자의 이름과 술어, 경학에 의거해 각자의 소견을 발표했기 때문에 자학시대와 크게 다르지 않다고 주장했다. 요약하자면, 중국철학사는 춘추시대부터 2,500년 이상 발전해 왔지만, 여전히 제자학을 연구하는 데에서 벗어나지 못했으며, 이는 서양철학사 구분법에 따르자면 고대와 중세에 머물러 있을 뿐이라는 것이다.

> 최근까지 중국은 어느 분야를 막론하고 아직 중세에 있다. 중국이 여러 분야에서 서양에 뒤지는 것은 중국 역사에 근대가 빠졌기 때문이다. 철학은 다만 그중의 한 항목이다. 요즘 논의되는 동서문화의 차이는 여러 면에서 사실인즉 중세문화와 근대 문화의 차이이다.
>
> — 펑유란 1999, 6

경험적으로 보더라도 펑유란의 이런 주장은 그럴듯하게 들린다. 우리는 21세기에 살고 있지만, 동양철학을 말하는 사람들은 여전히 공자와 맹자, 노자와 장자, 주자와 양명을 벗어나지 않으며, 다루는 내용 또한 인생 잠언이나 삶의 의미를 탐구하는 것에 치중되어 있다. 이는 우리가 알고 있는 서양철학자들의 범위가 소크라테스, 플라톤, 아리스토텔레스 등 고대철학자들뿐만 아니라 데카르트, 칸트, 헤겔, 니체, 비트겐슈타인, 하이데거, 러셀, 들뢰즈 등 근현대인물까지 포괄하는 것과 비교해 보면 더욱 잘 이해된다. 따라서 동양에 고대나 중세의 철학과 확연히 구분되는 근대철학이 존재했는지 의문이 드는 것은 어찌 보면 당연하다.

물론 이에 반대하는 사람도 있다. 대만의 철학자 차이런허우[蔡仁厚]는 중국철학사에서 송명이학(宋明理學)이야말로 선진 유가(儒家)의 지혜를 자각하여 중국 문화 속에서 유가적 주체성을 회복한 철학으로, 이것이 중국철학의 '반중세(反中世)' 정신이고 '근대성'이라고 강조했다. 그는 평유란이 중국철학에 근대가 없다고 말한 것은 중국 문화의 특성과 역동적인 발전 맥락을 이해하지 못했기 때문이며, 따라서 중국에 서양과 같은 근대철학은 없다고 할 수 있지만, 중국철학에 '근대'가 없다고 해서는 안 된다는 것이다. 곱씹어 볼 말이긴 하지만 송명 시기까지 거슬러 올라가 '근대'를 찾는 것은 ChatGPT 등 인공지능이 인류의 지적 능력을 위협하는 현재에 비춰 볼 때 너무 비현실적으로 느껴질 뿐이다.

학술 풍토와 목적이 다른 동서양 철학의 역사를 동일한 잣대로 구분하는 것이 무리라는 의견도 있다. 아리스토텔레스가 "나는 스승을 사랑한다. 하지만 진리를 더 사랑한다"며 스승 플라톤의 이상주의에 반대하고, 사제 간인 후설과 하이데거가 서로를 비판하며 각자의 길을 간 것처럼 서양철학은 계승보다는 전복을 통해 발전해 왔다. 이에 비해 중국철학(특히 유교철학)에서는 스승의 학문을 충실하게 계승해 다음 세대로 넘겨주는 것을 중요하게 생각했다. 이는 한유(韓愈)가 스승이란 "진리를 전하고, 학업을 가르치며, 의혹을 풀어 주시는[傳道授業解惑]" 분이라고 말한 데에서 알 수 있다. 중국철학에서는 고대의 사상과 문화가 성인(聖人)에 의해 과거에 이미 완결된 것으로 간주한다. 성인에 의해 완성된 고대의 이상적 문화가 잊히거나 경시되지 않도록 잘 지켜 전승하는 것이 후대 학자의 임무이다. 왜냐하면, 성인의 도(진리)가 제대로 전수되지 않으면 사회에 혼란이 발생하기 때문이다. 아울러 고대의 사상과 문화를 완성된 것으로 생각하기 때문에 '발전'이란 말도 이치에 맞지 않는다. 따라서 서구식의 철학사 구분법은 중국에 적용할 수 없다는 논리가 성립한다.

전통과 근대는 상대적 개념이면서 시대에 따라 다양한 가치를 담고 있는 가변적 용어이기 때문에 10년 전이라 하더라도 전통이 될 수 있고 100년 전이라 하더라도 근대가 될 수 있다. '근대 전통', 혹은 '현대 전통'이라는 말이 성립 가능한 이유도 바로 이 때문이다. 그렇다면 중국철학사의 '근대'를 어떻게 규정해야 할까? '근대'라는 말을 직선적 시간관을 담고 있는 서구적 개념이 아닌 앞선 시기와 확연히 다른 새로운 세계관과 사상 체계가 정립된 시대라고 가정해 본다면 어떨까? 이런 측면에서 생각해 보자면, 중국철학에는 절반의 근대만 있었을 뿐, 진정한 근대는 아직 '정립'되지 않았다고 할 수 있다.

'절반의 근대'라는 말은 두 가지로 설명할 수 있다. 하나는 중국철학이 근대적 혁신의 길로 들어설 수 있는 계기가 있었지만, 기존의 철학 전통과 체계를 극복하기에 한계가 있었다는 것이다. 다른 하나는 전통과 확연히 다른 새로운 사유와 체계가 등장했지만, 연구자들이 전통 학문의 틀에 갇혀 유학적인 입장에서만 해석하려고 했지, 적극적으로 새로운 학문 방법을 도입해 연구하지 않았다는 것이다.

19세기 말부터 20세기 초 사이에 중국의 일부 지식인들은 '전통 학문으로 외래 학문을 해석하고 이해'하는 기존의 태도를 버리고 '외래 학문의 틀로 전통 학문을 해석하고 이해'하고자 했다. 대표적 인물로는 옌푸[嚴復], 캉유웨이, 담사동(譚嗣同)을 들 수 있다. 그렇지만 그들의 이상은 당시 특수한 정치적 상황으로 인해 실현되지 못했고, 시간이 흐르면서 그들의 사상은 후대 학자들에 의해 전통적 관점에서 해석·수용되었다.

'진화론'이라는 새로운 틀과 '경존(競存)', '적존(適存)', '연존(演存)', '진화(進化)' 등의 개념으로 전통 사상과 중국 사회에 '충격'을 던져준 옌푸의 사상은 『주역(周易)』의 건곤(乾坤), 흡벽(翕闢), 자강불식(自强不息)의 전통 담론으로 이해되었고, 서양 근대 물리학 지식과 메스머주의(Mesmerism)를 이용해 삼강오륜이라는 전통적 굴레를 '파괴'하고 참된 평등 사회를 구현하고자 한 담사동의 사상은 공맹 유학에서 말한 '불인인지심(不忍人之心)'의 충실한 계승으로 해석되었다. 또한, 존 힐 버튼(John Hill Burton)의 『좌치추언(佐治芻言, *Homely Words to Aid Governance*)』에 나오는 독립과 평등의 관념, 서양 정부의 형태, 사회 진보와 변화의 내용을 기초로 중국의 미래를 '전망'한 캉유웨이의 '대동사상(大同思想)'은 『예기(禮記)』 「예운(禮運)」의 연장으로 간주되었다. 이처럼 기존 사회와 철학에 대한 '충격'과 '파괴', 그리고 새로운 '전망'에도 불구하고 전통 사상이 가진 막강한 영향력으로 인해 중국 근대철학의 '정립'은 제대로 이루어지지 않았다. 그 결과 중국철학은 다시 전통주의자(현대신유학)와 서화주의자(실증주의)의 대립 구도 속에 갇혀 소모적인 논쟁을 거듭할 수밖에 없었다.

그동안 우리는 본말론(本末論)적 사유를 근간으로 하는 전통철학의 프레임 속에서 중국 근대철학을 바라봐 왔다. 그렇지만 중국 근대철학 안에는 이항 대립적이고 위계적인 일자(一者) 중심의 사유 체계가 아닌 상생하는 다자(多者)의 논리도 내재해 있다. 자연이나 사회의 위계를 강조하고 인간의 관점으로 사물과 자연을 해석하고 판단하려는 인간중심주의가 아닌 모든 존재가 자유롭고 평등한 가치를 지닌다는 인식을 토대로 하는 철학이야말로 '근대적'이라는 말에 부합하는 것이다. 따라서, 새로운 창을 통해 중국 근대철학자들의 사상을 재조명하고 다양한 매체에 산재해 있는 자료들을 폭넓게 살피는 것이야말로 중국철학이 가진 '근대성'을 탐색하고 중국철학의 '근대'를 정립하는 길일 것이다.

2. 천리와 공리

중국 근대철학은 서학(西學)이 가한 충격과 충격에 대한 반응의 산물이며, 서학에 대한 응전이 중국 근대철학의 주요한 특징을 이루고 있다고 해도 과언이 아니다. 이때가 되면 원래 '인지(認知)'적 범주에 속하지 않던 것들이 '인지성(忍知性)'의 학술 범주로 편입되고 지식과 가치 영역이 분리된다. 지식은 다만 사실 세계에만 간여할 뿐, 더는 가치와 신앙을 제공하지 않게 되었다. 탈가치, 탈종교적 경향은 전통철학의 직관성과 공소(空疏)함, 비실제성 등을 비판하는 과정에서 더욱 불거졌으며, 중국철학이 실증과 논리를 중시하는 방향으로 나아가는 데에도 큰 영향을 미쳤다.

지식과 가치가 분리되는 과정에서 서구 선교사나 근대 계몽 사상가들의 역할은 절대적이었다. 그들은 서구 학술과 사상을 수입해 전통 가치관을 비판하고 새로운 지식 기반을 만드는 데 매우 중요한 역할을 했다. 그렇지만, 세부적인 과정을 살펴보면 사상의 수입과 융합, 보급에는 낯선 개념을 번역하고 해석하는 과정이 선행되었음을 알 수 있다. 즉 서구 학술 개념을 소개하면서 전통 개념 가운데에서 그에 적절한 단어를 찾아 번역한다든가, 전통 개념을 새롭게 해석하고 새로운 의미를 부여함으로써 고유 개념의 의미의 범위가 넓어지거나 심지어 변형되는 결과를 초래하기도 했다. 이는 서양과 동양의 학술이 만나 융합되는 과정으로, 새로운 시각과 관점으로 고유 개념을 해석하면서 의미의 차원에서 근대적 성취를 이뤄 내는 방법이기도 했다.

현재 우리가 사용하는 단어 중에는 상당수의 근대어가 포함되어 있다. 여기서 근대어라는 것은 근대의 특정 시기에 누군가에 의해 만들어지거나 기존에 있던 단어의 함의가 어떤 이유로 인해 변화된 것, 혹은 그렇게 생성되어 그대로 수입된 것을 말한다. 특히 우리나라의 경우 일제강점기를 거치며 일본에서 만들어진 개념어들이 면밀한 분석이나 검토 없이 그대로 받아들여진 경우가 많다. 주지하다시피 일본은 메이지 유신을 통해 동아시아 국가들 가운데 가장 먼저 근대화의 길로 들어섰다. 서양 서적을 번역하는 과정에서 일본의 근대 지식인들은 수많은 단어를 만들어 냈다.

전통 '리(理)' 개념의 함의를 둘러싼 해석의 전환과 의미의 취사도 전통 사유가 근대적으로 전환되는 데 중요한 역할을 했다. 고대철학의 중요한 범주이자 개념인 '리'는 근대에 들어서서 '천리(天理)', '성리(性理)'처럼 다른 글자와 합쳐져 새로운 개념을 만들어 내거나 '이기(理氣)', '이세(理勢)' 등 상응하는 글자와 병렬적으로 연결되면서 의미가 분화하거나 다른 개념 범주를 만들어 내기도 했다. 물론 사람들의 추상적 인식능력이 높아지고 철학에 관한 관심이 커지면서 '리'가 단독으로 쓰이는 때도 있었다. 시대에 따라, 학파에 따라, 분야에 따라 '리'에 대한 이해와 정의는 달랐으며 철학 영역뿐만 아니라 일상 영역에서도 'ㅇ리', 혹은 'ㅇㅇ리'의 형태로 광범위하게 사용됨으로써 리가 가진 함의는 굉장히 다양해지고 의미 층차도 깊어졌다. 그렇지만 '리'에 대한 사람들의 이해가 다양해지고 깊어짐에 따라 의미의 간섭과 전용, 혼동 역시 가중되었다. 이는 근대 시기 서양 학문과 서적이 동아시아로 대량 수입되어 오면서 더욱 심화하였고 일본어 개념을 그대로 받아쓰는 과정에서 원뜻과의 격차가 다시 한번 벌어지게 되었다.

'리'는 오랜 역사를 가진 개념으로 새로 만들어진 말은 아니지만, 학문의 근대적 전환 과정 가운데 서구의 다양한 개념들에 대응하면서 본래 의미에 변화가 발생했다. "사물이나 현상의 이치를 논리적으로 일반화한 체계"를 말하는 '이론(理論)'이라는 말은 영어 'theory'의 번역어이며, "이치나 논리에 합당하다"라는 뜻의 '합리적(合理的)'이라는 말도 영어 'rational'을 번역하면서 만들어진 말이라는 것을 생각해 보면 근대 이후부터 오늘날까지 우리가 사용하는 '리'의 의미가 전통적 의미로부터 상당히 멀어졌을 것이라는 짐작을 해 볼 수 있을 것이다.

이와 관련해서 '천리(天理)'가 '공리(公理)'로 대체되는 과정도 주목할 필요가 있다. 사실 '공리'라는 말은 전통 시기 송·명 이학자들도 사용하던 말이다. 예를 들어 『이정외서(二程外書)』에 보면 "사람이 사욕을 쫓으면 충(忠)이 아니고 공리를 따르면 충이다. 공리에 따라 다른 사람에게 베푸는 것이 서(恕)이다人循私欲則不忠, 公理則忠矣, 以公理施於人, 所以恕也"[1]라는 말이 나온다. 그렇지만 여기서 말하는 공리는 '천리'의 다른 이름으로 근대 시기에 쓰인 '공리'와는 함의가 다르다. 근대 시기의 '공리'는 윤리적 개념이 아닌 '객관적 이치'라고 해석할 수 있는 개념이다. 담사동이 "동해에 두어도 맞고 서해에 두어도 맞고 남해에 두어도 맞고 북해에 두어도 맞는 것[公理者, 放之東海而準, 放之西海而準, 放之南海而準, 放之北海而準]"이라고 한 그 공리이며, "공리에 맞는 것이라면 비록 야만인의 말이라도 성인과 다르지 않을 것이고, 공리에 맞지 않는 것이라면 성인이 직접 나를 가르친다 해도 받아들이지 못하고 비웃을 것이다[合乎公理者, 雖聞野人之言, 不殊見聖; 不合乎公理者, 雖聖人親誨我, 我其吐之, 且笑之哉]"(譚嗣同 1998, 264)라고 할 때의 그 '공리'이다.

물론 그렇다고 해서 전통 '공리'와 근대 '공리'가 완전히 다른 것은 아니다. '천(天)'과 '공(公)'은 모두 보편성을 대표하는 말이며, '리'는 '물(物)'과의 관계 속에서 파악되기 때문이다. 그렇지만 시대의 차이와 서양과의 교류의 영향으로 개념 간의 충돌이 필연적으로 발생할 수밖에 없다. 따라서 "천리와 공리 간의 관계에 대한 이해는 개념상의 연속과 단절에만 착안해서는 안 되며, 마땅히 교체 과정 중 발생한 실질적 사회관계의 변화를 분석해야만 한다"(汪暉 2004, 50).

철학이 개념을 도구로 삼아 축조되는 학문이라고 할 때, 개념과 용어의 새로운 등장과 이에 따른 의미의 변화는 필연적으로 철학의 변화를 야기한다. 새롭게 변화한 패러다임하에서는 새로운 관점과 해석 도구가 필요하다. 이것이 바로 펑유란이 말한 "낡은 병이 터지고 새 병이 등장"하는 상황이다.

---

1 『二程外書』卷4, 「程氏學拾遺」.

인간의 사상과 행위는 주로 환경의 필요에 적응하는 데서 변화되는 것이다. 기존의 사상이 환경의 필요에 계속 적응할 수 있으면 인간 역시 자연 계속 그것을 견지할 것이고, 가끔 새 견해가 생겨도 자연 낡은 체계에 빗대게 되고, 낡은 병이 깨지지 않은 이상 새 술은 자연 낡은 병에 담기게 된다. 그러나 환경이 크게 변하면 필연적으로 낡은 사상은 시세(勢)의 수요에 응할 수 없게 되고, 시세에 응하여 일어난 새 사상은 이미 너무 많고 너무 새로운 까닭에 낡은 병은 수용을 못하고 마침내 터지고 새 병이 대신 등장한다. 중국은 서양과 교류를 시작한 이후 정치, 사회, 경제, 학술 등 각 분야에서 모두 근본적인 변화가 일어났다. 서양의 학설이 처음 동쪽으로 전래되었을 때 중국인들 예컨대 캉유웨이 무리는 여전히 그것을 경학에 부회하여 낡은 병에 극히 그 새로운 술을 담으려고 했으나, 낡은 병은 용량을 늘리는 일이 이미 한계에 달한 데다가 또 새 술이 아주 많고 극히 새로웠기 때문에 결국 터졌던 것이다. 경학의 낡은 병이 터지자 철학사의 경학시대도 끝이 났다.

— 펑유란 1999, 6~7

근대 이후 중국철학의 패러다임이 변화했음에도 여전히 전통적 맥락 속에서 이해하려 한다면, 도리어 '새로운 병'과 '새로운 술'이 만들어 낸 '포스트 경학시대[後經學時代]'의 본질을 제대로 보지 못하게 될 것이다. 이 것이 바로 중국 근대철학의 다양한 원류와 배경에 관해 심도 있고 폭넓게 살펴봐야 하는 이유이다.

3. 과학과 중국 근대

20세기에 나온 여러 사상을 살펴보면 한 가지 공통점을 찾을 수 있다. 그것은 어떤 사상이건 간에, 혹은 수용하든 비판하든 간에 '과학'과 밀접한 관계를 맺고 있다는 점이다. 이것은 중국도 예외가 아니다. 중국 근현대 사상의 특징은 한마디로 '철학의 과학화'라고 할 수 있다. 서양의 근대적 과학 개념을 들여와 자신의 사상을 설명한다든지, 귀납법이나 논리 분석법 등 과학 방법을 통해 전통 사상 체계를 분석하고 재구조화한다든지, 혹은 과학주의의 영향을 받은 서구 사조나 관념을 자신의 사상적 토대로 삼는 등 중국 근현대 철학자들과 사상가들은 앞다투어 과학을 받아들였으며, 과학을 활용해 철학을 개조하려고 하였다. '과학 방법'은 근대 시기에 철학을 하는 데 있어서 하나의 화두가 되었으며, 실험과 증명, 논리 분석법을 강조하는 학술적 풍토가 형성되었다.

역사적으로 중국에 전래되어 고유문화를 크게 동요시킨 외래문화 가운데 불교를 제외하고 '과학'만 한 것이 없다. 그러나 학문의 영향력이나 학술적 비중을 따져 보면 동양 전통 사상인 유학에 대한 과학의 영향을 탐구하는 과정은 극히 제한적이거나 자기중심적이었다. 서양의 '과학'에 대해 동양의 전통 '격치학(格致學)'을 제시하건, 'Science'의 번역어로서 '격물학(格物學)'을 선택하건 간에 전통 유학이 서양의 과학을 해석하고 이해하는 과정은 기본적으로 '중체서용(中體西用)'적인 입장에서 진행되었다. 심지어 명·청 시기 서양 선교사들이 적극적으로 채용한 '보유론(補儒論)'

마저도 이런 입장의 연장이라고 할 수 있다. 이처럼 유학을 형상 세계(形上世界)를 다루는 고차원적 학문으로 생각하는 반면, 과학을 형이하(形而下) 세계만을 관장하는 부속물로 보려는 인식은 유학과 과학의 관계를 발전적으로 설정할 수 없게 만듦으로써 21세기에 들어선 현재 유학과 과학의 관계를 물과 기름과 같이 상호 융합이 힘든 것으로 만들어 버렸다. 오늘날, 유학에 관한 연구는 과학에 대한 고려 없이도 별문제가 없어 보이고, 과학과의 관계 속에서 유학을 바라보는 견해에 대해서는 '시류 편향적'이라거나 '서구적', '실용적'이라는 이유를 내세워 진지한 논의의 대상에서 배제되는 경우가 많다.

조지프 니덤(Joseph Needham)의 『중국의 과학과 문명』에 따르면, 서양 과학의 수입은 16~17세기 서구 선교사의 중국 전래와 함께 이미 시작되었다. 비록 복잡하고 긴 시간을 거치며 서양 과학이 중국의 지식계에 소개되긴 했지만, 청말 이전까지는 중국의 전통 사상이나 문화에 근본적인 영향을 미치지는 못했다. 명대 중엽 선교사들이 전래한 과학 사상은 일부 사대부들에게만 소개되었고, 선교사들 역시 주로 황궁 안에서 생활하였으며, 평민들과 만나더라도 선교에만 치중하였을 뿐, 과학 지식이 전파되었다 하더라도 이론적인 측면이 배제된 실용적인 측면의 내용들이 주를 이루었기 때문이다. 또한, 중국 전통철학 용어인 '격치(格致)'로 '과학(science)'을 지칭한 역사가 있긴 하지만, 방법과 목표, 의미가 다르기 때문에 그 영향은 제한적일 수밖에 없었다. 전통 지식 체계와 가치관, 세계관이 유지되고 있는 상황에서 서양의 근대적 학문 체계는 현실과 동떨어진 것으로 여겨진 것이다.

19세기 중반에 들어선 이후에야 '과학'은 비로소 중국 사회에 본격적으로 영향력을 발휘하게 되었다. 이와 함께 기존의 가치관과 세계관, 사상적 패러다임도 이와 함께 바뀌기 시작했다. 이것은 서구 열강의 침략 앞에서 무용지물이 되어 버린 청조(淸朝)의 정책에 대한 실망과 이대로 가다가는 망국과 멸족의 화를 입게 될 것이라는 절박한 마음이 기존의 패러다임을 폐기하고 새로운 길을 모색하도록 만들었다. 이런 가운데 서양 '과학'은 그것이 가진 합리성과 유용성으로 인해 사람들에게 급속도로 받아들여졌다. 서양 '과학'을 수용해 전통 사상과의 융합을 꾀하거나 전통 사상을 비판하는 무기로 삼았던 선구자적 인물들이 바로 변법파 지식인들이다. 캉유웨이, 옌푸, 담사동, 량치차오[梁啓超] 등은 중국이 처한 위기의 근본을 탐구하기 위해 서구 학술과 사상으로 눈을 돌린다. 특히 수구파와 양무파 대신들이 위기에 대응하던 기존 방식을 비판하고 서구의 논리학과 실증론 등 과학 방법과 과학 정신으로 전통 사유 방식을 혁신하려고 시도한 것이다. 이는 '중화주의'와 '기물적(器物的) 과학관', '중체서용'적 태도를 지양하는 것으로 필연적으로 전통철학 및 학술에 대한 대대적인 개조와 수정을 수반하는 것이었다. 캉유웨이는 '기로써 도를 변화시킨다[道考於器, 然器足以變道也]'는 주장을 하였고, 옌푸는 자연적 '천'의 '공리'적 특징에 주목하여 '하늘이 변하지 않으면, 도 역시 변하지 않는다[天不變, 道亦不變]'는 전통 천도관(天道觀)을 통렬히 비판하였다. 량치차오는 불교 유식학과 화엄 사상의 진리관을 기초로 과학 정신과 과학 방법을 강조했으며, 담사동은 서양 과학 사상으로 전통 '인학(仁學)'을 새롭게 정립함으로써 '공리'가 '천도'를 대체하고 과학이 보편적인 세계관으로 거듭나는 데

지대한 영향을 미쳤다.

유학과 과학의 관계를 역사적으로 살펴보면, 항상 유학이 주도권을 쥐고 과학을 해석해 온 역사였다고 할 수 있다. 유학이 과학을 해석하는 데 있어서 견지한 기본적인 입장은 '중체서용', '도본기말(道本器末)', '중도경예(重道輕藝)', '사이장기(師夷長技)', '서학중원(西學中源)' 등에서 그치는 것이 아니라, 서양의 선교사들이 선교의 편의상 제시한 '보유(補儒)'와 '합유(合儒)'론, 여기에 일부 유신파가 주장한 '중서합벽(中西合璧)'의 논리 등으로 끊임없이 확대 재생산되었다. 그렇지만, 기본적으로 유학에서 말하는 격치는 '의리적격치(義理的格致)'이며 '물리적격치(物理的格致)'가 아니었다. 의리적 격치는 "조화(造花)의 본원(本源)을 살피고 성명(性命)의 이치(理致)를 궁구(窮究)하며 도덕 질서를 세우고 다스림의 근간을 고찰"[2]하는 것을 학문의 목표로 삼는다. 따라서 물리에 대한 의리의 우위는 중국 전통 사상의 '절대 예설(Absolute presupposition)'이었다. '예설(豫設)'이란 어떤 문화나 지식, 혹은 사상에는 그것을 지탱시켜 주는 근본적인 관념을 가리키는 것이다. 신학자 틸리히(Paul Tillich)는 그것을 '종극원칙(終極原則)'이라고 불렀다. 전통사회에서는 그것을 일컬어 '도(道)'라고 했는데, 이것은 모든 것이 '의거(依據)'하는 어떤 것을 지칭한다. 로저 에임스(Roger T. Ames)는 『공자를 통한 사고(*Thinking Through Confucius*)』에서 내재적 우주 관념과 개념의 양극성, 그리고 전통을 해석의 배경으로 삼는 것을 고대 중국 사상 중의 '예설'이라고 하였으며, 벤저민 슈워츠(Benjamin I. Schwartz)는 『중국 고대사상

---

2 上海市圖書館 編, 『格致書院課藝』(光緖十三年), 上海: 上海科學技術文獻出版社, 2016.

의 세계』에서 모든 것을 아우르는 사회 정치 질서 관념, 천과 인을 모두 포괄하는 질서 관념, 일종의 내재주의적(內在主義的) 총체(總體) 관념을 예설로 제시하였다. 그렇지만 물리에 대한 의리의 우위만큼 중국 전통 사상을 잘 설명해 주는 것은 없다. 따라서 중국 사상의 근대화 과정에 있어서 절대적 예설의 붕괴를 촉진하고 새로운 패러다임으로의 전환을 이끈 사상 혹은 계기는 물리에 대한 의리의 우위를 부정하고, 물리적 격치(과학)의 입장에서 의리적 격치(유학)를 해석하려는 움직임 속에서 엿볼 수 있을 것이다. 앞서 말한 변법 사상가들을 예로 들자면, 담사동은 유학(의리)의 입장에서 과학을 해석하는 것이 아니라, 과학(물리)의 입장에서 유학을 해석하고자 시도했던 사상가로 량치차오에 따르면 "청말 사상계의 혜성과 같은 존재"였다. 그는 전통적 도기(道器) 관계를 부정하고 '기본도용(器本道用)'과 '기변즉도변(器變卽道變)'을 주장했으며, 서양 근대 과학에 대한 광범위한 이해와 인식을 바탕으로 새로운 세계상을 만들어 내고자 했다. 영국에서 유학하며 서양 근대 과학기술의 위력을 몸소 체험한 옌푸도 과학기술이 국가 발전에 미치는 작용을 잘 알고 있었으며, 과학 발전을 통해 부강을 추구하는 과학구국(科學救國) 사상의 선구가 되었다. 이 외에 캉유웨이와 량치차오도 중국에 '과학'이라는 용어를 소개하며 과학 사상과 방법의 보급에 앞장섰으며, 다양한 신문과 잡지를 통해 과학적 세계관을 확산했다.

4. 생활 세계와 상식 세계로부터

철학은 시대의 산물이다. 간혹 시대에 뒤떨어지거나 시대를 앞선 이론을 제시함으로써 당대와 후대의 철학사가들에게 비판이나 찬사를 듣는 철학도 있지만, 철학자 자신은 물리적 시간의 흐름을 거스를 수 없다는 점에서 특정 시대의 영향에서 벗어날 수 없다. 따라서 철학 이론에 관한 연구는 철학자가 생활했거나 철학 이론이 나온 시대에 대한 다각적인 고찰 없이는 제대로 이해할 수 없다. 그리스 도시국가에 대한 이해 없이 소크라테스의 철학을 제대로 알 수 없고, 춘추전국이라는 시대에 대한 이해 없이 공자의 사상을 전면적으로 알 수 없는 것과 같은 이치이다. 이로부터 철학 이론에 관한 연구와 별도로 사상사 혹은 철학사를 연구해야 할 필요성이 대두된다. 사상사나 철학사 연구는 한편으로는 그 사상의 탄생과 관련한 다양한 배경과 계기들을 밝혀줌으로써 철학 이론을 거시적 관점에서 바라볼 수 있게 하며, 다른 한편으로는 후대 지식 권력자나 사회 엘리트 등 특정인에 의해 편집되었을지도 모른다는 가능성을 고려하게 함으로써 이론에 덧씌워진 권위나 왜곡, 과장된 장막을 걷어 내고 좀 더 원초적인 사상의 모습에 다가갈 수 있도록 한다. 또한, 하나의 사상적 원류에서 비롯되었다고 여겨지거나 완벽한 체계를 갖춘 것처럼 보이는 철학 이론의 복잡다단한 형성 과정과 내용의 불완전함, 문화적 혼종성을 드러냄으로써 철학자가 애초에 가지고 있었던 근원적 고민과 갈등, 심리적 모순도 엿볼 수 있다.

오랫동안 사상사를 연구한 중국의 학자 거자오광[葛兆光]은 단순히 엘리트 사상이나 경전만 주목하고 그 배후에 자리한 거대한 생활 세계와 상식 세계에 주의하지 않는다면 그 사상이 가진 중요한 점을 오해하거나 특정한 부분에만 매몰되어 진정한 모습을 볼 수 없게 된다고 하였다. 따라서 사상가와 경전에 관한 연구와 동시에 사상가의 지식과 사상 그리고 신앙에 어떤 배경이 있는지 주의하여 살펴보아야 한다는 것이다. 그는 현재 우리가 접하는 대표적인 엘리트 사상가와 경전 자료는 당시 체계적이면서도 진실한 것이었기 때문에 역사상 도태되거나 배제되지 않았다거나, 그것이 정확하고도 공평한 것이었기 때문에 현존의 역사 기록과 역사 기술의 합리성을 인정하지 않으면 안 된다고 생각하는 보편적 가설에는 다음과 같은 문제가 있다고 보았다. 첫째, 사상사의 시간 순서는 결코 달력의 시간 순서와 완전히 일치하지 않는다. 둘째, 대표적인 엘리트 사상가의 사상과 경전 사상이 일상 세계 속에서 반드시 가장 중요한 작용을 일으키는 것은 아니다. 셋째, 사상사에서 대표적인 엘리트 사상가와 경전에 대한 역사적 서술은 항시 '소급의 필요성과 가치의 추인(追認)', 그리고 '의미의 강조' 등 여러 가지 원인으로 말미암아 사후(事後)에 또 다른 사상사가들에 의해 '역사적 소급을 통한 추인'으로 이루어진다. 따라서 엘리트 사상이나 경전에 주목할 뿐 그들 배후에 자리한 거대한 생활 세계와 상식 세계에 주의하지 않는 사상사는 때로 오해하거나 매몰되는 예도 있고, 우연이나 단절에 의해 중요한 부분을 가릴 수도 있다(거자오광 2013, 31~34).

　　중국 근대철학을 연구하는 과정에서도 위에서 말한 보편적 가설의 영향력은 무시할 수 없다. 근현대 철학도 전통철학에서 전승된 개념과 사상적 맥락 속에서 성립된 것이기 때문에 하위 사상으로 봐야 한다는 생각이 대표적이다. 이런 가설에 사로잡히게 되면 근현대 철학자들의 사상과 관념은 모두 전통 사상으로 환원되며, 파괴와 정립을 통한 이질화의 과정은 사라지게 된다. 전통철학과 근대철학을 가르는 기준 가운데 하나가 '과학'이고, 그 과학이 과거에는 동양 사회에 존재하지 않았던 것이라면, 과학을 동양적 가치관에 맞춰 해석하고 이해하기보다 구체적으로 생활 세계와 상식 세계에서 어떻게 기능했는지 살피는 것이 중요할 것이다.

참고자료

거자오광, 『중국사상사—7세기 이전 중국의 지식과 사상 그리고 신앙세계』 1, 오만종 외
　　역, 일빛, 2013.

펑유란, 『중국철학사』 하, 박성규 역, 까치, 1999.

『二程外書』 卷4, 「程氏學拾遺」.

譚嗣同, 「與唐紱丞書」, 『譚嗣同全集』, 北京: 中華書局, 1998.

上海市圖書館 編, 『格致書院課藝』(光緒十三年), 上海: 上海科學技術文獻出版社, 2016.

汪暉, 『現代中國思想的興起』 上卷 第1部, 北京: 三聯書店, 2004.

파괴와 소통의 철학자,
담사동

한성구
단국대학교 일본연구소 HK+ 연구교수

1. 창조는 파괴로부터

창조는 파괴를 전제로 한다. 인도 신화에 등장하는 시바 신이 파괴의 신인 동시에 재건의 신인 까닭도 파괴 없이는 창조가 없고, 창조를 위해서는 파괴가 필요하기 때문이다. 중국 근대는 파괴의 시기이면서 창조의 시기이다. 이 시기, 담사동(譚嗣同)은 "혜성과 같이" 등장해 파괴와 창조를 통한 소통의 철학을 제시했다. 그는 삼강오륜으로 대표되는 갖가지 전통적 굴레와 질곡을 파괴하고 모두가 평등한 세계를 만들어 내고자 했다. 이를 위해 담사동은 묵자의 겸애설과 장재(張載)의 기(氣) 철학, 왕부지(王夫之)의 도기론(道器論), 황종희(黃宗羲)의 사회사상 및 불교 유식학(唯識學)을 융합하고, 여기에 서양 과학을 접목하여 '인학(仁學)' 체계를 만들어 냈다. 그는 근대 물리학 지식을 바탕으로 인간의 마음의 힘(심력, 의지력)을 극대화해 '인(仁)'을 전파하고 최종적으로 평등을 실현하고자 하였다.

캉유웨이, 옌푸, 량치차오가 서양 과학의 세례를 받았음에도 그것으로 기존의 철학적 패러다임을 바꾸지 못한 것과는 달리, 서양의 근대적 과학 개념과 이론으로 자신의 철학 체계를 구성하고 이에 기초해서 새로운 '인학' 체계를 세웠다는 점은 담사동 철학이 가진 뛰어난 점이다. 펑유란은 『중국철학사』에서 담사동을 가리켜 "사상 면에서도 족히 자립한 사람"이라고 하였으며, "경학 방면에서 캉유웨이의 혁혁한 실적에는 미치지 못했으나, 사상 방면에서 그의 저서 『인학』은 캉유웨이보다 치밀하게 대동사상을 발휘했다"(펑유란 1999, 687)고 평가했다. 리쩌허우[李澤厚]는 "담사동이 이론적으로 도달한 최고조는 개량주의 사상체계가 허용하는 범위를 뛰어넘었다"면서 다음과 같이 정리했다.

> 개량파 변법유신의 사상은 담사동에 이르러 최고의 철학적 승화에 도달했다 할 수 있다. 량치차오의 『변법통의』는 '변(變)'을 강조했고 캉유웨이의 '공양삼세설'은 진화·발전을 부각시켰지만, 담사동에 와서야 모든 것이 '인-통'이라는 우주의 총법칙으로 추상화되었다. 철학 면에서 담사동은 캉유웨이에 비해 더 높은 대표성을 가지고 있었다.
>
> — 리쩌허우 2005, 318, 334

량치차오는 "캉유웨이, 량치차오, 담사동 등은 '학문의 기근'이라는 환경에서 자라면서 암중모색했다. '중국적이지도 않고 서양적이지도 않으면서 중국적이고 서양적인' 신학파를 구성하고자 했지만, 시대가 용납하지 않았다. 고유의 구사상은 뿌리가 깊었고, 외래의 신사상의 원류는 천박하여 쉽게 고갈되었기 때문에 지리멸렬해진 것이 당연했다"(梁啓超 1998, 75)고 평가했지만, 담사동이 기존의 학자들과 달리 철학적 패러다임의 전환에 힘썼다는 점은 간과한 면이 있다. 그 이유는 첫째, 담사동을 연구하는 사람들이 대부분 자연과학이 아닌 인문학을 연구하는 사람들이라 인문학적 시각에서 그의 사상과 개념을 분석했기 때문이고, 둘째, 담사동의 사상을 경학(經學)적 입장에서 해석하다 보니 역사적 접근법을 소홀히 한 측면이 있기 때문이다. 그러다 보니 담사동 사상의 핵심을 이루고 있는 '에테르', '전(電)', '심력(心力)'을 '기(氣)'와 '심(心)', 혹은 '식(識)' 등 중국 전통철학의 개념으로 환원해 이해할 뿐이지 전통 학문에 소양이 깊은 담사동이 왜 의도적으로 새로운 과학적 개념을 도입해 사용했는지에 관해서는 연구가 미진하다.

담사동은 자신의 사상을 총결집한 책의 제목을 『인학』이라 했다. 전통적으로 보자면 한(漢)의 동중서(董仲舒)와 당(唐)의 한유(韓愈)를 비롯해 주돈이(周敦頤), 장재, 여대림(呂大臨), 육구연(陸九淵), 왕양명(王陽明) 등 송명이학자들은 누구 하나 빠짐없이 인(仁)을 논했고, 정호(程顥)는 「식인편(識仁篇)」을, 주희(朱熹)는 「인설(仁說)」을 지어 만물일체(萬物一體)와 생명 본체의 관점에서 인을 논했다. 그렇다면 담사동의 『인학』이 전통적인 인 담론과 다른 점은 무엇인가? 그가 자신의 철학 체계에 '인학'이라는 이름을 붙인 이유는 분명하지 않다. 그렇지만 그의 의도에 대해 추론해 볼 수 있는 구절이 『인학』「자서(自敍)」에 나온다.

묵가에는 두 갈래가 있다. 하나는 내가 '인(仁)'이라고 부르는 임협(任俠)이다. … 나머지 하나는 내가 '학(學)'이라고 부르는 격치(格致)이다. … 인에서 시작하더라도 학을 행해야 하고, 학에서 시작하더라도 인을 행해야 한다. 오늘날의 지식인은 지나치게 고원한 것만을 추구해서는 안 된다.

— 담사동 2016, 13

'인학'의 의미를 단순하게 '인의 학'으로 볼 수도 있다. 그러나 담사동이 말했듯이, '인'은 전통 유학의 개념으로 볼 수 있을지라도 '학'은 일반적인 학문을 가리키는 것이 아니라 특별히 '격치'를 의미한다. 명청(明淸) 시기에 통용된 '격치'라는 개념은 좁은 의미로는 '과학'을, 넓은 의미로는 분과 학문으로서의 학과, 전문 영역을 의미한다. 근대 이후 역사학, 문학, 천문학 등 서양의 분과학문 체계가 대량으로 수입되어 들어왔는데, 이것들은 기존의 중국에 존재하던 문(文), 사(史), 천문(天文) 등과 다른 것이다. 즉, 역사학은 과학적 태도와 방법으로 역사를 다루는 학문을, 문학은 과학적 태도와 방법으로 작품을 다루는 학문을, 천문학은 과학적 태도와 방법으로 천문 현상을 다루는 학문을 의미한다. 따라서 '인학'을 '인의 학'으로 해석하는 것은 동어 반복에 해당한다. 담사동 사상의 원류와 근본으로부터 '인학'을 정의한다면, '격치로 해석한 인', 혹은 '과학(물리학) 이론을 융합해 해석한 인'이 마땅하지 않을까?

담사동이 에테르, 전기, 수학, 기하학, 물리학 등과 같은 근대 과학의 여러 개념으로 전통적인 개념인 인을 해석한 것은 '물리 세계'와 '정신세계', '필연 세계'와 '자유세계'를 서로 '통(通)'하게 함으로써 세속의 수많은 '굴레를 타파하고[沖決網羅]' '천지 만물과 인아를 관통해 하나가 되는[通天地萬物人我爲一身]' 경지로 나아가는 데 목적이 있었다. 위기에 처한 나라와 민족을 구하고 대중들을 자각시키기 위해서는 인간의 본심(本心)에 호소할 수밖에 없었고, 인간의 의지력 혹은 심력(心力)을 극대화하기 위해 '전기', '에테르' 등과 같은 과학 개념과 원리를 운용하였다. 인간에 대한 담사동의 이런 관점은 인간이 하늘이 부여한 본성을 받아 태어났다는 전통적 인성론(人性論)의 측면에서 볼 때 대단히 파격적이었다. 이제 과학적 원리로 재해석된 인의 본원으로서의 '심(心)'은 세상을 변화시킬 수 있는 효과적인 도구로 등장하게 된 것이다.

2. 인학 사상의 계기

담사동이 살았던 때는 단절되고 막히고 닫힌 시대였다. 담사동은 사람들 사이를 틀어막고[塞] 통하지 않게 하고[不] 속박하던[網羅] 온갖 것들을 타파하고 '인'을 실현함으로써 '평등'한 사회를 이루고자 하였다. 그는 이런 상황을 철학적으로 사유했으며, 그것을 극복할 방안을 찾는 과정에서 '통'함의 원리를 강조했다. 담사동에게 '통'한다는 것은 한편으로는 잘못된 관계를 깨부수는 것이고, 다른 한편으로는 새로운 관계를 맺는 것이다. 잘못된 관계를 깨부수는 것은 '충결망라(衝決網羅)'로 구체화하며, 새로운 관계를 맺는 것은 '인'의 실현으로 귀결된다. 담사동의 '통' 철학은 그가 건립한 새로운 '인학' 체계의 핵심일 뿐만 아니라, 현실 사회가 궁극적 이상 사회인 '대동'으로 나아가기 위한 중요 수단이다.

담사동의 자는 복생(復生), 호는 장비(壯飛)로 후난성[湖南省] 류양(瀏陽) 사람이다. 캉유웨이, 량치차오 등과 함께 무술변법(戊戌變法)을 주도했다. 어려서 불교, 주역, 경서에 능통했고, 의협심이 강했다. 지방 관리였던 아버지의 뜻을 좇아 과거에 여섯 번이나 응시했지만 모두 낙방했다. 중국의 여러 지역을 두루 유람하며 견문을 넓히는 동시에 청조의 부패와 무능에 고통받는 백성의 참상을 직접 목도하기도 했다. 1894년 청일전쟁이 일어나자, 중국의 허약함에 통분하여 개혁에 뜻을 두고 학당을 세워 신학(新學)을 적극적으로 제창하였고, 서양 서적을 광범위하게 섭렵해 서양의 자연과학 지식을 폭넓게 받아들이고 변법 사상을 선전했다. 정치적으로는 봉건 군주제를 맹렬히 공격하고 삼강오상(三綱五常)과 전통 도덕 관념을 비판했으며, 전통 유가의 '인'을 현대적으로 재해석해 민권과 평등, 소통을 핵심으로 하는 사상을 만들어 냈다.

무술변법 중에 광서제를 도와 새로운 정치를 추진했지만, 서태후와 수구파의 정변으로 실패하였다. 이로 인해 광서제는 유폐되고 담사동은 강광인(康廣仁)·양심수(楊深秀)·임욱(林旭)·양예(楊銳)·유광제(劉光第) 등과 함께 피살되어 '무술 6군자'로 불리게 되었다. 담사동은 죽기 전 옥중 벽에 절명시(絶命詩) 한 수를 남겼는데, 개혁을 향한 그의 염원이 잘 드러나 있다.

獄中題壁　　　옥중 벽에 씀

望門投止思張儉　위급한 상황에 처하고 보니 장검의 옛일 생각나네.
忍死須臾待杜根　죽을 고비를 넘긴다면 두근처럼 다시 도모할 수
　　　　　　　　있을까.
我自橫刀向天笑　나는 칼을 이고 죽더라도 하늘 보며 웃을 터니,

去留肝膽兩崑崙 떠난 사람 남는 사람, 곤륜산처럼 굳건하게 나아가길!

— 譚嗣同 1954, 496

장검(張儉)과 두근(杜根)은 모두 동한(東漢) 시기의 명사(名士)로 권력자에 맞서 옳은 소리를 하다 죽을 위기에 처하나 결국 누명을 벗고 다시 나라의 부름을 받게 되었다. 담사동도 잠시나마 장검과 두근처럼 구사일생하여 개혁을 추진하게 될지 모른다는 작은 희망을 품어 보았지만 운명을 거스를 수는 없었다. 결국, 형장으로 향하게 된 그는 남은 사람들이 굳건하게 개혁을 완수해 주길 기원하며 죽어서도 함께 할 것임을 다짐하고 있다.

담사동이 개혁의 길로 들어서게 된 것은 중국 방방곡곡을 유람하며 백성들의 아픔을 몸소 느꼈기 때문이다. 『인학』을 쓰게 된 계기 또한 마찬가지이다. 담사동은 『인학』 서문에서 이렇게 말했다.

나는 곰곰이 생각해보았다. 우주가 생겼다 사라지는 긴 시간(劫)을 수없이 반복하는 동안 [적지 않은 구세주가 출현해] 인류의 고통과 불행을 남김없이 구제했다고 하는데, 오늘날 내가 이 땅에 사는 어리석은 사람, 힘없는 사람, 가난한 사람의 고통을 다시 이야기한다면, 사람들은 사기 치는 말이라고 비웃고 믿지 않을 것이다. 그렇다 해도 수많은 고통 가운데 하나라도 글로 남겨서 고통받는 사람들을 위해 눈물 흘리고 울부짖으며 고통받는 사람들을 버리지 않고 억지로라도 두둔해주며 속박을 깨트리는 일에 내가 앞장서고 그 증거를 남기지 않는다면 어찌 가당한 일이겠는가?

— 담사동 2016, 15

『인학』은 담사동이 32살이던 광서(光緒) 22년(1896), 난징[南京]에서 후보지부(候補知府)로 있으면서 쓰기 시작한 저작이다. 이 시기 동안 그는 불교 거사(居士)인 양원후이[楊文會]와 교류하며 사상적 영향을 받았고, 상하이에 가서 『시무보(時務報)』를 펴내고 있던 량치차오, 왕캉녠[汪康年] 등과 학술 및 사회에 관한 의견을 교환하기도 했다. 이때 캉유웨이는 이미 『신학위경고』, 『공자개제고』를 펴냈으며, 량치차오도 『변법통의(變法通議)』, 『서학서목표(西學書目表)』 등을 써서 변법운동을 고취하고 있었다. 다른 한편으로는 옌푸가 번역한 『천연론(天演論)』도 출간되어 다윈이 제시한 '물경천택(物競天擇)'의 설이 세상을 떠들썩하게 만들던 때였다. 이렇게 급변하는 상황 속에서 담사동은 1897년 1월에 약 5만여 자에 달하는 『인학』을 완성했다. 집필을 시작한 지 불과 5개월 만이었다(王曉波 外 1978, 217~218).

담사동이 『인학』을 집필하게 된 가장 중요한 동기는 그의 스승인 캉유웨이가 『대동서』를 집필한 것과 같다. 즉, '불인인지심(不忍人之心)' 때문이다. '불인인지심'은 『맹자(孟子)』에 나오는 말로 '남의 고통을 차마 지나치지 못하는 마음'이다. 맹자는 인간이면 누구나 이런 마음을 갖고 있다면서 이 마음을 성선론(性善論)의 근거로 삼았다.

『인학』의 핵심은 '인'이다. '인'이라는 덕목은 춘추시대에 공자가 제창한 이래 유학의 기본 개념이 되어 후대로 전승되었다. 공자는 『논어(論語)』에서 '인'을 내재적이며, 도덕 판단의 기준이자 본성에 대한 윤리적 극복이고, 타인에 대한 사랑, 추기급인(推己及人)의 원리로 설명했다. 이처럼 '인'은 고정된 개념이 아니라 상황과 대상에 따라 그 의미가 달라질 수도 있는 열린 덕목이다. 무엇보다 공자는 일상생활 속에서 '인'의 의미를 깨우쳐 주고 있는데, 이를 통해 '인'이 사람에게 내재한 생명 본성이자 도덕심의 드러남이며 끊임없는 실천 과정이라는 것을 알 수 있다. 담사동은 '인'에 관한 전통적 이해를 계승하는 한편, 서양 과학 사상과 변법 이론에 근거해서 자유와 평등, 박애를 기초로 하는 사상체계를 만들어 낸 것이다.

그는 '인'을 "천지 만물의 근원"이라거나, "절대적으로 고요하고 움직이지 않지만 감응해서 결국 천하의 모든 일에 통하는 것"이라고 했는데(담사동 2016, 23~24), 이는 모두 '인'의 본원적 의미를 강조한 것이다. 그렇지만, '인'의 본체성과 마찬가지로 담사동이 주목한 것은 '인'의 사회성이다. 사회성은 관계성을 의미한다.

> 인(仁)이라는 글자는 두 이(二)와 사람 인(人)으로 구성되어 있다. 인간은 사회성이 있다는 뜻이다. 원(元)이라는 글자는 두 이(二)와 사람 인(儿)으로 구성되어 있다. 인(儿)이라는 글자는 인(人)의 다른 꼴이기 때문에 '원'도 '인'이다. 무(无) 자를 보자. 허신(許愼)은 '원'과 '무'를 바꿔 쓸 수 있다고 말했다. 그래서 두 이(二)와 사람 인(人)으로 만들어진 '无'도 '인'이다. 그러므로 '인'을 말하는 사람은 시작(元)을 모르면 안 되는데 '인'의 유효한 작용(功用)은 무에서 끝난다.
>
> — 담사동 2016, 11

'인'에 사회성과 관계성의 의미가 있다고 본 것은 담사동만의 생각은 아니다. 그는 한유(漢儒)의 해석을 가져와 "한나라 때 유학자는 인(仁)을 인간관계라고 풀이했다. 사람과 사람이 관계를 맺지 않으면 어찌 세계가 생기겠느냐?"(담사동 2016, 44)라고 말했다. '인'이 가진 이러한 사회성과 관계성으로 인해 '인'이라는 개념은 본원과 본체로서의 위상을 뛰어넘어 현실에서의 실현 가능 여부가 중요하게 대두되었다. 이는 담사동이 단순히 '인'만을 강조하는 데 그치는 것이 아니라, '통(通)'을 강조하고 그것의 현실화 조건인 '심력'과 '에테르', '충결망라'로 '인'의 실현을 설명한 이유이기도 하다.

담사동은 『인학』에서 '인-통-평등'의 사상 체계를 세웠다. 여기서 '인'은 '통'의 출발점이자 귀결점이며, '통'은 '인'을 실현하기 위해 취해야 하는 행위 및 규칙이다. 그리고 '평등'은 '통'이 '인'을 실현했을 때 얻을 수 있는 효과이다. 따라서 '통'은 관념적인 '인'과 현실적인 '평등'을 매개해 주는 교량이자 중추라 할 수 있다. '통'이 없으면 '인'은 현실에서 '평등'으로 실현될 수 없으며, 그렇게 되면 '인'은 허울뿐인 개념과 사상으로 남을 뿐이다. 현실화한 '인'인 '평등'은 '통'을 잘 발휘해야만 비로소 실현될 수 있다. 따라서 담사동은 「인학계설(仁學界說)」의 첫 번째 조목으로 "'통한다'는 것이 인의 가장 중요한 뜻이다"(담사동 2016, 21)를 제시했다. '통'이 '인'의 기본 내용이며, '통'은 '인'을 현실에 실현할 수 있는 결정적 요체란 점을 밝힌 것이다. 그는 이렇게 말했다.

그러므로 인인지 인이 아닌지 구별하는 것은 그것이 통하는지 막혔는지 구별하는 데 달렸다. 인인지 인이 아닌지가 통하는 것과 막힌 것의 근본이기 때문이다. 통하는 것은 전선이 사방으로 퍼져 있는 것과 같다. 아무리 멀어도 뻗지 않는 데가 없으므로 먼 나라도 한 몸 같다. 그러므로 『주역』은 처음에 '원(元)'을 말하고 이어서 '형(亨)'을 말한다. 원은 인이고 형은 통한다는 말이다. 만약 인이라면 통하지 않는 것이 없는 법이다. 그리고 통해야만 인 전체는 비로소 완전해진다. 그래야만 자신도 이롭게 하고 남도 이롭게 하며 영원히 올바르게 유지된다.

— 담사동 2016, 37~38

그는 '통'의 근본을 '인'이라 하고 '막힘'의 근원은 '불인(不仁)'이라 하였다. 즉, '불인'은 '막힘'의 필연적 결과이며, '인'을 실현하기 위해서는 '통'에 의지해야 한다는 것이다. 그는 또 이렇게 말했다. "닫거나 단절하거나 금지하는 것은 불통이다. 그저 인하지 않기 때문이다"(담사동 2016, 40). 여기서 닫고[閉], 단절하고[絶], 금지하는[禁] 것 모두 불통의 구체적 형식이며 불인을 만들어 내는 근본적 원인이다. 따라서 '인'을 제대로 실현하기 위해서는 반드시 '통'의 힘을 빌려야 한다. 그는 불평등, 즉 불통이 생기는 원인에 대해 다음과 같이 분석하고 있다. 첫째, 이기심과 기심(機心, 득실을 따지는 간교한 마음)을 앞세우기 때문이며, 둘째, 육체에 대한 집착이 강하기 때문이며, 셋째, 비판 없이 옛것을 숭배하는 사람들 때문이다(담사동 2016, 105).

담사동은 변화의 필연성과 당위성을 강조했다. 전통 중국은 "하늘이 변하지 않으니 도 역시도 변하지 않는다"는 사상이 지배하고 있었다. 그러나 담사동은 만사 만물이 고립되고 격리된 것이 아니라 긴밀하게 연관되어 있으며 서로 통해[相通] 있다고 보았다. 사물 간의 '상통'과 '소통'은 사물의 운동 변화 가운데에서 발생하고 존재하며 사물 중에 체현되어 있다. 담사동은 우주 만물의 변화 발전과 인류 사회의 진보가 모두 '일신(日新)'에 뿌리를 두고 있으며, 만약 '일신'이 없다면 운동도 없고 결국 모든 것이 소멸할 것이라 본 것이다.

그렇다면 '통'이 실현되는 조건은 무엇일까? 담사동은 '심력'이 극대화한다면 온갖 속박을 깨뜨릴 수 있다고 생각했다. 이를 위해 그는 서구 자연과학 성과와 개념 및 원리를 가져와 세계를 설명하려 했다.

3. 『인학』의 과학적 기초

『인학』의 핵심 개념인 '에테르', '심력', '통'은 서양 근대 과학과 밀접한 관련이 있다. 담사동은 캉유웨이, 량치차오 등 당시 변법파 인사들과 교류하며 서양 과학 지식을 습득했는데, 최근의 연구에 따르면, 그는 기존에 알려진 것 외에도 대단히 광범위하게 서양 과학 서적을 접하고 관련 인사들과 접촉했을 뿐만 아니라, 과학과 관련된 학회 및 교육기관 설립에도 깊이 관여했다. 청말 서양 근대 과학 지식의 교육과 보급, 번역·소개의 전위 기지였던 격치서원(格致書院)에 자주 드나들며 과학 서적을 구매하고 개혁에 뜻을 둔 지식인들과 친분을 맺었으며, 불교학자 양원후이와 함께 영국과 프랑스로부터 구매한 과학 기기들을 판매하거나, 쑨바오쉬안[孫寶瑄] 등과 격치학에 대해 토론하기도 했다. 또한, 고향인 류양에 산학관(算學館)을 만드는 데에도 발 벗고 나섰으며, 금릉측량학회(金陵測量學會)를 만들 때 손수 규정[章程]을 제정해서 서양 관측, 측량 기기에 대한 학습과 숙달의 필요성을 강조했다. 서양 선교사들과도 활발하게 교류했는데, 『치심면병법』을 소개해 주어 『인학』에 큰 영향을 미쳤다고 알려진 존 프라이어(John Fryer, 傅蘭雅) 외에, 서양의 대동사상을 소개한 길버트 리드(Gilbert Reid, 李佳白), 상하이에 광학회(廣學會)를 세워 서양 과학 및 정치, 사상 서적을 번역 출판한 티모시 리처드(Timothy Richard, 李提摩太) 등과도 교류했다.

담사동의 강한 독서열과 넓은 친교 범위를 통해 볼 때, 『인학』에 영향을 미친 서양 사상은 적지 않았을 것이다. 『인학』에 담긴 사상으로부터 역추적해 볼 때, 담사동이 영향을 받았을 것으로 생각되는 서양 과학 이론으로는 다음과 같은 것들이 있다.

첫째, 뉴턴의 『프린키피아』와 마이클 패러데이의 전자기학(電磁氣學).

『자연철학의 수학적 원리(*Mathematical Principles of Natural Philosophy, Principia*, 自然哲學的數學原理)』는 뉴턴이 근대 과학혁명을 완성하고 경전 물리학 체계를 정립한 획기적인 대작이다. 뉴턴이 18개월 동안 잠시도 쉬지 않고 단숨에 완성한 이 저작은 17세기 과학자 갈릴레이, 케플러, 데카르트 등의 성과를 정리하였을 뿐만 아니라, 지구물리학과 천체물리학에 대한 뉴턴 자신의 성과가 녹아 있다. 그는 책에서 고전 물리학의 3대 법칙을 확정하고 만유인력의 법칙에 대해서도 상세하게 논증했다. 뉴턴은 이 책에서 지구의 중력이 사과처럼 지구 가까이 있는 물체뿐만 아니라 달처럼 멀리 떨어져 있는 물체에도 작용한다는 것을 밝혀냈다. 그렇다면 태양과 같은 천체는 어떻게 1억 5천만 킬로미터나 떨어진 지구에 중력을 가하여 지구를 궤도 위에 붙들어 두고 있을까? 최초의 설명은 중력이 원격 작용(Action at a Distance)을 통해 지구에 영향을 미친다는 것이었다. '원격 작용'이란, 예를 들면 태양이 어떤 매개물도 통하지 않고 지구와 같은 모든 물체에 중력을 가한다는 것이다.

뉴턴 역학은 청말에 이미 중국 사회에 광범위하게 소개되어 있었다. 1859년 이선란(李善蘭)과 조지프 에드킨스(Joseph Edkins, 艾約瑟)가 번역한 『물리학(重學)』에 최초로 소개된 이래, 뉴턴 역학 이론은 격치서원의 시험 문제에도 자주 등장할 정도로 큰 반향이 있었다. 캉유웨이도 『제천강』에서 코페르니쿠스의 '태양중심설'과 뉴턴의 천체역학―'만유인력' 학설을 자세하게 소개하며 자신은 "코페르니쿠스와 뉴턴 두 사람을 가장 존경한다"(康有爲 1992, 25)고 썼다. 1860년 전후로 이선란은 영국 선교사 알렉산더 와일리(Alexander Wylie, 偉烈亞力), 존 프라이어와 협력해 상하이 묵해서관(墨海書館)에서 『프린키피아』의 번역에 착수했는데, 1867년 강남제조국 번역관(飜譯官)이 세워진 후에야 비로소 『뉴턴수리(奈端數理)』 제1권의 번역을 가까스로 마칠 수 있었다(張靜廬 輯註 1954, 14). 전문가의 고증에 따르자면, 『뉴턴수리』는 『자연철학의 수학원리』의 최초 중국어 번역본이다.

19세기 중엽 영국 물리학자 마이클 패러데이(Michael Faraday)는 우리가 보이지 않는 힘의 장에 둘러싸여 있다는 것을 알아냄으로써 중력의 원리를 설명했다. 그는 자석이 주위에 자기장을 만들고 다른 자석이 이 자기

장과의 상호작용을 통해 힘이 작용한다는 '장(場)이론'을 제시하기도 했다. 사과가 나무에서 땅으로 떨어지는 것이나 달이 지구 주위를 도는 현상을 이 이론으로 설명하면 다음과 같다. 지구가 주변에 중력장을 만들면 사과와 달은 이 중력장의 영향권 안에 들게 되어 중력의 영향을 받게 되는데, 이는 지구와 사과, 지구와 달의 직접적인 상호작용 때문이 아니라 지구가 만든 중력장이 사과와 달에 영향을 미치기 때문이라는 것이다. 패러데이는 전자기 현상을 역학적 모형으로 설명했다. 에테르로 가득 차 있는 모든 공간은 역선(力線, line of force) 또는 역관(力管, tube of force)으로 되어 있고, 역선이나 역관은 반대의 전하, 반대의 자극이 연결되어 장을 형성한다. 패러데이는 역선이라는 개념이 설명을 위한 방편이 아니라 물리적 실재라고 주장했다. 즉, 그는 힘의 장이 파도처럼 우주를 이동한다고 생각했는데, 담사동이 쓰고 있는 '전랑(電浪)'[1]이라는 개념이나 우주 전체가 에테르로 인해 '통'할 수 있다는 생각은 뉴턴과 패러데이의 물리학 이론과 상당히 유사하다. 뉴턴을 비롯한 서양 학자들의 물리학 이론이 당시 격치서원이나 광학회 등의 교육과 홍보, 과학 보급 운동과 선교사의 번역 작업을 통해 광범위하게 소개되었다는 것을 생각해 볼 때, 담사동이 이로부터 상당한 영향을 받았다는 것은 쉽게 유추해 볼 수 있다.

둘째, 『광학게요(光學揭要)』와 X-ray.

서양 광학 지식이 중국에 전래한 시기는 명·청 시기이다. 최초로 광

---

1 『仁學·一』, "同一電浪, 或傳熱或傳力而不舛也."

학 지식을 체계적으로 소개한 책은 영국 선교사 조지프 에드킨스와 장복희(張福僖)가 공역한 『광론(光論)』인데, 번역 과정에서 '광선(光線)', '광망(光芒)', '평행광(平行光)', '조도[光之明分]' 등 기하광학(幾何光學)의 기본 개념들이 만들어져 나왔다. 그 후 다시 윌리엄 마틴(William Martin, 丁韙良)이 편역한 『격물입문(格物入門)』, 『격물측산(格物測算)』, 존 프라이어가 번역한 『광학도설(光學圖說)』 등이 출간되었는데, 그 가운데 미국 선교사 칼 크레이어(Carl T. Kreyer, 金楷理)와 조원익(趙元益)이 공역한 영국 저명 물리학자 존 틴들(John Tyndall)의 『광학(光學)』은 근대 중국에 상당한 영향을 미쳤다.

19세기 말 중국 지식계는 새로 발견된 서양의 광학 이론에 큰 관심이 있었다. 예를 들면 독일 저명 과학자 빌헬름 뢴트겐(Wilhelm K. Roentgen)은 1895년 12월 「새로운 방사선에 관하여(On a New Kind of Rays)」라는 논문을 통해 X-ray라는 획기적인 발견을 소개했다. 량치차오는 광서 병신년(丙申年, 1896)에 쓴 『독서학서법(讀西學書法)』에서 '전광조골지법(電光照骨之法, 빛을 이용해 뼈를 촬영하는 방법)'이라는 신법(新法)에 대해 언급하고 있다. 이는 뢴트겐의 발견으로부터 1년 정도 지난 후의 것으로, 중국인이 X-ray를 언급한 최초의 기록이라 할 수 있다. 담사동은 그의 스승인 구양중곡(歐陽中鵠)에게 보낸 편지에서 그가 1896년 북쪽 지방으로 여행을 떠났을 때, 상하이에 있던 존 프라이어의 집에서 보았던 X-ray 사진에 대해 특별히 언급하였다.

사진 한 장을 보았는데, 전기를 이용한 신법으로 찍은 것이다. 사람의 간담(肝膽), 폐장(肺腸), 근락(筋絡), 골혈(骨血) 등을 유리를 통하거나 구멍으로 보는 것처럼 분명하게 볼 수 있을 뿐만 아니라, 그 모양을 종이에 옮길 수도 있다. 또한, 두꺼운 나무판이나 얇은 금속 등을 사람 앞에 두고 사진을 찍어도 마치 막혀 있지 않은 듯하다.

— 譚嗣同 1998, 458

최초로 중국에 X-ray 지식이 전파된 것은 미국 선교사 왓슨 헤이스 (Watson Hayes, 赫士)와 주보침(朱葆琛)이 함께 편역해 1894년 발간한『광학게요』를 통해서였다. 이 책을 비롯해 다른 광학 관련 서적에서도 X-ray를 '통물전광(通物電光)'으로 번역해 소개하고 있는데, X-ray가 갖고 있는 '통(通)'의 특징은 담사동의 소통 사상에 깊은 영감을 주었을 것으로 생각된다.

셋째,『전학(電學)』과 전기이론.

1851년에서 1900년 사이에 서양 전기 이론이 중국으로 전래되었다. 기존에 중국에는 없었던 신지식의 전래는 이와 연관된 물리학 서적의 대량 번역으로 이어졌으며,『전학』은 이러한 시대적 유행 가운데 번역·소개된 책이다.『전학』은 강남제조국역서처(江南制造局譯書處)에서 심혈을 기울여 번역한 중요 저작 중 하나로 영문제목은 *The Student's Textbook of Electricity*이며, 직역하면『전학교과서(電學敎科書)』이다. 1867년 출간된 이 책은 서양의 전자학 지식을 교과서식으로 소개하고 있으며, 당시 서양의 선진적인 지식을 다수 포함하고 있어 청 말에 대단히 광범위하게 유통되었다. 책의 원저자는 헨리 노드(Henry M. Noad)이며, 영국 선교사 존 프라이어가 구술하고 중국학자 서건인(徐建寅)이 기록하여 1879년 상하이 강남제조국에서 출간하였다.

량치차오는 이 책에 대해 『독서학서법』에서 이렇게 말하였다. "티모시 리처드는 십 년 전에 나온 전학 서적은 안 읽어도 무방하다고 여러 차례 나에게 말했었다. 서양 사람들도 더 이상 중요하게 여기지 않는다. 최근 중국에 번역되어 나온 전학 서적들은 모두 십 년 전의 것들이다. 그러나 구설(舊說)이 얼마나 어설픈가를 알아야 신설(新說)의 심오함을 알 수 있으므로 읽어 볼 만은 하다"(梁啓超 2005, 1161). 『증판동서학서록(增版東西學書錄)』 권3에는 『전학』에 대한 왕도(王韜)의 평가가 나온다. "서양의 전학은 날이 갈수록 심오해지고 있으나 이 책은 10년 전의 학설이다. 그러나 중국에 새로 번역되는 책이 없으니 이 책을 읽을 수밖에 없다. 총편(總編)에 영국인 올리버가 전기에 대해 논한 것이 있고, 부록에 벼락에 관한 내용이 있는데 서로 어긋나지 않는다"(王韜 2003, 119). 찰스 올리버(Charles H. Oliver, 歐禮斐)는 동문관(同文館) 교습(教習)으로 서양 과학 사상을 중국에 소개하는 데 공이 큰 인물이다. 일찍이 격치서원에서 수학했던 변법파 인사 손유신(孫維新)도 서양 격치학을 논하면서 『전학』을 매우 높이 평가했다. "전기에 관해 논한 책으로 이 책보다 나은 것이 없다. 책의 내용이 대단히 오묘하니 전기를 연구하는 사람은 마땅히 이 책을 읽어야 한다"(孫維新 2016).

비록 『전학』에 시대에 뒤떨어진 이론이 포함되어 있긴 했지만, 당시 상당히 많은 지식인은 전기에 관한 지식이 중국에 매우 필요하고 유용한 학문이라고 생각했다. 따라서 관련 서적의 번역과 교육도 시급했다. 전학에 대한 지식인들의 관심과 량치차오, 왕도 등의 평가, 격치서원에서의 전학 강의, 번역서의 출간 등은 담사동의 호기심을 자극했다. 그는 눈에 보이지 않지만, 사물들을 통하게 만들고 대상을 자극해 변화시킬 수 있는 '전기'가 '인학'을 좀 더 과학적으로 만들어 줄 것으로 생각했다.

이상에서 본 바와 같이, 담사동은 서양 서적으로부터 습득한 근대 과학 지식을 바탕으로 '인학'의 핵심 사상과 개념을 구성하였다. 그렇지만 서양 물리학 개념과 과학지식, 중국 전통의 인(仁) 개념을 하나로 결합하는 데 결정적 역할을 한 책은 『치심면병법(治心免病法)』이다. 『치심면병법』은 미국 신사상운동(New Thought Movement)의 실천가 헨리 우드(Henry Wood)가 1893년에 펴낸 책으로 원제는 Ideal Suggestion through Mental Photography이다. 신사상운동은 18세기 프랑스에서 크게 유행했던 '메스머리즘'의 영향을 받아 19세기 미국에서 성행한 종교운동이면서 신과학운동이다. 메스머리즘에서는 사람이 내면에 가진 생각의 힘을 이용해 의지를 강화하고 부정적인 생각을 떨쳐 버리면 질병을 치유할 수 있다고 주장한다. 신사상 운동에서도 '마음치료'와 '심리조절'을 강조하며 마음의 힘을 이용해 심신을 치유할 수 있다고 주장했는데, 이런 주장이 미국인들에게 큰 영향을 미쳤다. 19세기 말 중국에 와 있던 영국 선교사 존 프라이어는 이 책을 중국어로 번역·출간했는데, 이를 계기로 메스머리즘과 신사상 운동이 중국의 지식인들에게 영향을 미치게 되었다. 량치차오, 옌푸, 송서(宋恕), 쑨원[孫文] 등 적지 않은 근대 개혁 사상가들이 『치심면병법』에 주목했지만, 이 책에서 직접 영향을 받아 자신의 사상 체계를 완성한 사상가로는 담사동이 유일하다.

담사동은 1896년, 상하이로 가는 도중에 존 프라이어를 만나 『치심면병법』을 얻어 읽은 후, 스승인 구양중곡에게 편지를 보내 이렇게 말한다. 서양 사람들이 "이처럼 정사(政事)에 밝고, 이처럼 인심 풍속이 가지런한 데에는 반드시 이유가 있겠지만, 그동안 제대로 살피지 않았었습니다. 천주와 예수를 전하는 선교사를 만나 이야기하고 성경책을 여러 차례 읽어 보아도 아무런 소득이 없었는데, 『치심면병법』을 읽고 나니 그 본질을 알 수 있게 되었습니다"(譚嗣同 1998, 461). 담사동은 이 책 안에 서양 종교의 본질이 담겨 있다고 생각했다.

『치심면병법』에는 '에테르[以太]', '심력', '전(電)', '통(通)' 등 담사동이 『인학』에서 사용하고 있는 개념이 모두 등장한다.[2] 그는 '마음의 힘[心力]' 또는 '사유의 힘[思念之力]'을 이용해 병을 고치고 남에게 영향을 미쳐 세상을

---

2 영문판에는 'ether(에테르)'라는 개념이 곳곳에 등장하지만 이에 대한 자세한 설명은 없다. 중역본 서문에서 존 프라이어는 '에테르'에 대해 설명하고 있는데, 이는 1890년 존 프라이어가 번역한 『광학도설(光學圖說)』과 뉴턴 역학에 근거하고 있다. 프라이어는 다음과 같이 설명했다. "근래 서양에서 연구를 통해 만물에는 반드시 유질(流質)이 내재되어 있다는 것을 알아냈는데, 그것을 '에테르[以太]'라고 한다. 아무리 멀리 떨어져 있는 항성(恒性)이라도 항성과의 사이는 진공상태가 아니라 '에테르'로 가득 차 있으며, 지상의 공기 가운데에도 역시 '에테르'가 있다. … 존재하지 않는 곳이 없고 없애는 것도 불가능하다. 만약 에테르가 없다면 태양과 항성, 행성 등의 빛이 지면까지 도달하지 못할 것이다. … 에테르가 생각[思念]을 전달하는 것도 같은 이치다. 거리에 상관없이, 오관(五官)이 지각할 수 있는 사물인지 여부와 상관없이 사람이 생각을 발산하면 감동하게 되는데 이것을 에테르가 다른 사람의 마음에 전달하는 것이다." 『치심면병법』에는 다음과 구절도 있다. "전기[電]라는 것은 예전부터 있었던 것이나 과거에는 그것을 이용하지 못했고 지금에 와서 이용하는 것이다. 오늘날 세계에서 가장 중요한 일은 사랑하는 마음[愛心]을 갖는 것으로 이런 마음이 하늘과 합쳐지게 되면 내 뜻대로 몸을 부릴 수 있게 되고 고칠 수 없는 병이 없게 된다. 그것의 용법은 통(通)함을 귀하게 여기는 것으로 전기를 통할 수 있는 법을 알아 … 사람 마음의 사랑도 반드시 밖으로 통하게 발산해야 사방의 사람들이 효능을 받게 되는 것이다"(傅蘭雅 2018, 29~30).

변화시킬 수 있다는 책의 내용을 보고 '심'을 중시하는 중국 전통 사상을 떠올렸을 것이다. '심력'에 관한 학설은 가깝게는 앞선 시대의 사상가인 공자진(龔自珍), 위원(魏源) 등에게서도 찾아볼 수 있다. 공자진은 역사 발전의 주체로서 자아를 설정하고 심력을 실천 역량의 근원으로 간주함으로써 인간의 자유의지에 주목하였으며, 이로 인해 전통 천명론은 타격을 입게 되었다. 공자진 이후, 당재상(唐才常)도 서양의 자연과학 사상과 불교의 무외정신(無畏精神)을 융합해 심력을 본체의 지위로 격상시켰으며, 심력으로 '겁운(劫運)'을 해소함으로써 천하 대동을 실현하고자 하였다. 그렇지만 이들과 달리 담사동은 심력에 강한 물질성을 부여했다. "심력은 볼 수 있는가"라는 질문에 그는 이렇게 말한다. "사람들이 일을 하면서 의지하는 점이 바로 심력이다. 나로선 그것을 형상화할 수 없지만 물리학자들은 사물의 위치 운동을 통해서 그것을 형상화한다"(담사동 2016, 247). 담사동은 요철력(凹凸力)이라는 표현을 쓰고 있다. 이는 심장의 박동처럼 힘차게 일어났다가 사라지고 다시 일어나는 힘, 행위의 동력 같은 것을 의미한다. 담사동은 이를 좀 더 확장해 심력의 종류로 18가지를 제시하였는데,[3] 모두 그가 접한 서양 과학 서적에서 가져온 것이다.

그는 중국 전통철학 개념인 '심(心)'에 물리학 개념인 '역(力)'을 덧붙여 만든 '심력'이라는 용어를 줄곧 사용했다. 이는 그가 정신력과 물질력의

---

3 18가지 심력은 다음과 같다. 지속력[永力], 반발력[反力], 끌어당기는 힘[攝力], 밀치는 힘[拒力], 통합력[總力], 절삭력[折力], 회전력[轉力], 돌입력[銳力], 속도의 힘[速力], 지구력[韌力], 뒤트는 힘[揮力], 탄력[超力], 거는 힘[構力], 거친 힘[激力], 탄력[彈力], 절단력[決力], 기우는 힘[偏力], 평형력[平力](담사동 2016, 248).

상호작용을 중시하고, 정신력이 물질력으로 전화할 수 있다는 생각에 기인하는 것으로, 궁극적으로는 물질계와 정신계의 융합을 추구한 것이라 할 수 있다. 나아가 그는 이렇게 말했다.

> 나의 심력은 남을 감동시켜 나와 같은 생각을 하게 만들 수 있다. 그러므로 보고 느끼고 생각하는 관념의 출발점에서 내가 마주하고 있는 것의 품격이나 부류가 뛰어난지 못났는지 알게 된다. 내가 마주한 것과 내 사이에는 틈이 벌어져 있지 않기 때문에 남의 마음을 내 마음처럼 꿰뚫어 볼 수 있다. 또한 전기가 바로 뇌이고 어디라도 전기가 아닌 것이 없기 때문에 어디라도 내가 아닌 것이 없다는 점, 함부로 남과 나를 구분하는 짓이 생기면 즉시 '인'이 아니게 된다는 점을 학자는 명백하게 인식해야 한다. 그렇지만 전기와 뇌는 에테르가 특정한 측면에서 표면적으로 드러난 것일 뿐이다. 에테르는 더구나 차별을 용납하지 않기 때문에 전기라거나 뇌라는 이름도 성립하지 않는다.
>
> — 담사동 2016, 35~36

'심력'은 '에테르'를 매개로 만사 만물과 소통할 수 있다. 따라서 사람들이 '치심(治心)'의 수양법으로 마음을 잘 다스려 '인'의 힘을 굳건히 한다면 그 힘이 타인과 사물에 영향을 미쳐 세상을 둘러싼 속박을 부수고 소통의 세계, 평등의 세상을 이루게 된다는 것이다. 담사동은 "평등은 결국 같은 상태로 만드는 것[致一]을 가리킨다. 같아지면 통하고 통하는 것은 인이다"(담사동 2016, 27)라고 했다. 즉, '인'은 '통'이라는 행위와 규칙에 따라 '심력'을 매개로 현실 속에 '평등'을 실현함으로써 '인'의 이상적인 세계를 완성하게 되는 것이다.

'통'의 내용에 관해서 담사동은 '중외통(中外通)', '상하통(上下通)', '남녀내외통(男女內外通)', '인아통(人我通)'의 네 가지로 제시했다(담사동 2016, 22). 담사동이 제시한 '통'의 네 가지 의미는 모두 '인'에 의해 통솔되고, '인'을 둘러싸고 전개되며, 궁극적으로 '인'을 실현하기 위한 것이다. '중외통'은 '인'을 실현하기 위해 유리한 외적 조건을 창조하는 것이며, '상하통'과 '남녀내외통'은 사람 간의 관계를 평등과 조화의 상태로 변화시키는 것이다. '인아통'은 앞의 세 가지 '통'을 종합한 것으로 가장 핵심적이면서 '인'이 최종적으로 실현되는 필요조건이다. 따라서 그는 '인아통'을 가리켜 "세 가지 종교의 자명한 진리이고, 백성을 인하게 대하는 것이 바로 인이 되는 까닭이다"(담사동 2016, 151~152)라고 한 것이다.

4. 소통과 사랑

담사동이 생활했던 시대는 자본주의 경제 체제가 심화하고 식민지 개척을 위한 서구 열강의 침탈이 계속되던 때였다. 그렇지만 청조는 부패하고 무능해서 제대로 된 대응을 할 수 없었고, 그 피해와 고통은 백성들의 몫이었다. 설상가상으로 청일전쟁에서의 참패는 국가와 민족의 존속을 위태롭게 하였고 수많은 지식인을 각성하게 만들었다. 담사동도 예외가 아니었다. 그는 청조의 부패와 백성들을 옭아매는 낙후한 봉건제도를 비판하고, 백성들의 처지에서 고통을 이해하고 그것을 해결하고자 했다.

앞서 말했듯이 담사동이 '인학' 사상을 제시하게 된 가장 중요한 동기는 고통받는 사람들을 구제하기 위해서이다. 특히 고통은 갖가지 속박으로부터 오기 때문에 속박을 깨버리는 것으로 국가와 민족의 생존을 도모하고, 모두가 평등하고 자유롭고 서로 사랑하는 사회를 만들고자 한 것이다. 그는 이것을 '인'의 실현으로 생각했는데, '인'의 실현은 '통'의 드러남이다. 우주 만사 만물은 본원적 측면에서 보자면 '통'의 관계지만, 현상적으로는 막히고 단절되고 닫힌 상태에 놓이게 된다. 따라서 '통'의 실현이 그가 해결해야 하는 중요한 과제가 된 것이다.

'천명론(天命論)'은 오랫동안 중국의 전통 사상과 문화를 지배해 왔다. '천명론'은 사람들의 창조성을 말살하고 자유의지를 가진 주체로서의 본질을 부정했다. 담사동은 '천명론'을 비판하며 그것이 불평등의 근원이라 주장했다. "하늘과 사람이 불평등하므로 사람과 사람이 더욱 불평등"(담사동 2016, 151)한 것이다. 담사동은 중국이 직면하고 있는 망국과 멸족의 위기는 서구 열강의 침략 때문만이 아니라, 백성들의 육체와 정신이 모두 무너졌기 때문이라고 생각했다. 즉, 재난은 서구 열강의 침략 때문이기도 하지만 더 큰 원인은 인간 내부에서 찾아야 한다는 것이다. 심리상, 생리상의 붕괴 상황을 통해 볼 때, 위기는 일종의 겁상(劫象)이며 더 큰 재난(大劫)이 머지않았음을 알려주는 것이다. '겁운'이 다가오는 까닭은 사람들이 이익만을 쫓는 간교한 마음인 '기심(機心)'에만 기대기 때문이다. 이것은 속박이고 굴레이며, 불평등과 억압을 만들어 내는 근원이다. 그는 말했다.

속박은 겹겹이다. 무한한 허공만큼 속박은 무한하다. 먼저 이록(利祿)의 속박을 깨뜨려야만 한다. 그다음에는 속학(俗學)의 속박을 깨뜨려야 한다. 그다음에는 전 세계 모든 학문의 속박을 깨뜨려야 한다. 그다음에는 군주의 속박을 깨뜨려야 한다. 그다음에는 윤리 규범의 속박을 깨뜨려야 한다. 그다음에는 불변한다고 믿는 이념의 속박을 깨뜨려야 한다. 그다음에는 전 세계 모든 종교의 속박을 깨뜨려야 한다.

— 담사동 2016, 16

담사동이 깨뜨려야 할 속박으로 언급한 것에는 전제 정치, 종법제, 봉건 예교, 종교 미신, 부패한 문화, 구사회의 악습 등이 모두 포함된다. '심력'과 '속박을 깨뜨리는 것'은 '통'을 실현하기 위해 없어서는 안 되는 것들이다. '심력'을 발휘해 '통'을 실현할 때, 그것은 인간의 주체 의지 상태로 드러나기 때문에 주관적인 영역에 속한다. '통'을 실현하기 위해 '속박을 깨뜨리는 것'은 인간의 행위로 드러나기 때문에 객관적인 영역에 속한다. '심력'과 '속박을 깨뜨리는 것'은 '통'과 밀접한 연관을 가진 두 가지 측면으로 서로 대체될 수 없다. 따라서 사람마다 '심력'을 발휘해 자신과 사회를 둘러싸고 있는 '속박을 깨뜨리는 것'은 모두가 평등한 '인'의 사회에 도달하는 유일한 방법이다.

담사동의 말에 따르면 '통'은 우주 만사 만물의 본질적 특징이다. '통'하지 못함은 막힘이고 단절이고 닫힘이다. 막혔기 때문에 불신이 생기고, 단절되었기 때문에 이기심이 득세하고, 닫혔기 때문에 아집(我執)에 매몰된다. 이것이 혼란의 계기가 되고 불평등의 씨앗이 되며 '불인'의 원인이 된다. 그는 안과 밖의 통합, 위와 아래의 통합, 남과 여의 통합, 타인과 나의 통합을 주장하며 '통'의 실현으로 평등하고 모순과 대립이 없는 대동 사회를 구현하고자 했다. 이를 위해서는 '마음의 역량'을 극대화해서 세상을 얽매고 있던 갖가지 그물들을 타파하고, 포용하고 감화시키고 보듬어 주는 본성의 깨달음을 통해 새로운 세상을 열어야 한다고 생각했다. '인'의 실현에 힘쓰는 것은 인간이 인간으로서 거듭나기 위한 당연하고 당위적인 의무이다. 아울러 '인'은 관계성과 사회성에 기반하고 있으므로 '통'함으로 '인'을 실현하는 것도 필연적인 것이다.

담사동은 사회상의 모든 차별과 불합리한 대립, 불평등과 불합리한 현상, 그리고 이러한 현상을 만들어 낸 권위에 도전하고자 했을 뿐만 아니라, '마음의 힘'으로 연민과 동정, 자비심의 감화를 이루어 심신의 병을 치료하고자 했다. 그가 만들어 낸 '인-통-평등'의 체계는 '통'의 드러남을 평등으로 규정해 모든 차별과 대립, 불평등을 타파하고 '내외'와 '상하', '남녀', '인아'를 소통하게 해서 평등한 세계를 만드는 '세계주의(universalism)'적 이상의 실현을 목적으로 삼았다. 그는 인간의 내재적 도덕심으로부터 자유와 평등을 도출하고자 했으며, 나아가 현실을 개혁하고 새로운 세상을 만들어 내고자 한 것이다. 비록 량치차오가 그의 시도를 "매우 대담하고 요원한 계획"(梁啓超 2018, 211)이라고 했지만, 시대적 한계를 뛰어넘어 평등한 대동 사회를 이루고자 했다는 점에서 불통과 불평등이 만연한 오늘날에도 시사하는 바가 적지 않다.

참고자료

담사동, 『인학』, 임형석 역, 산지니, 2016.

리쩌허우, 『중국근대사상사론』, 임춘성 역, 한길사, 2005.

펑유란, 『중국철학사』 하, 박성규 역, 까치, 1999.

康有爲, 『諸天講』 卷二, 北京: 中華書局, 1992.

譚嗣同, 『譚嗣同全集』, 北京: 三聯書店, 1954.

_____, 『譚嗣同全集』, 北京: 中華書局, 1998.

梁啓超, 『淸代學術槪論』, 上海: 上海古籍出版社, 1998.

_____, 『飮冰室合集集外文』 下冊, 北京: 北京大學出版社, 2005.

_____, 「淸代學術槪論」, 『梁啓超全集』 第10集, 北京: 中國人民大學出版社, 2018.

傅蘭雅, 『治心免病法』, 廣州: 南方日報出版社, 2018.

孫維新, 『格致書院課藝』(光緒己丑年), 上海: 上海市圖書館 編, 上海科學技術文獻出版社, 2016.

王韜・顧燮光, 『近代譯書目・增版東西學書錄』, 北京: 北京圖書館出版社, 2003.

王曉波 外, 『現代中國思想家』 第2輯, 臺北: 臺灣巨人出版社, 1978.

張靜廬 輯註, 『中國近代出版史料初編』, 上海: 群聯出版社, 1954.

중국의 미래를 그린
캉유웨이

한성구
단국대학교 일본연구소 HK+ 연구교수

1. 변법유신과 근대의 전개

　캉유웨이는 근대 시기 무술변법을 주도한 개혁가이자 계몽운동가이다. 그는 서구 열강의 침략과 서양 학술의 충격 앞에서 전통과 근대라는 두 가지 가치 기준을 조화시켜 중국을 개혁해야 하는 소임을 가지고 있었다. 그는 전통문화 속에서 여러 사상적 자양분을 흡수하는 한편, 중국에서 본격적으로 그 위력을 과시하기 시작한 서양 근대 과학에 관한 관심도 놓지 않았다. 열일곱 살 때, 『영환지략(瀛環志略)』과 세계지도 등을 보고 세계 여러 나라의 물정과 지구의 이치에 관해 알게 되었으며, 경세치용(經世致用) 사상에 관심을 두어 고염무(顧炎武)의 『천하군국이병서(天下郡國利病書)』, 고조우(顧祖禹)의 『독사방여기요(讀史方輿紀要)』, 위원(魏源)의 『해국도지(海國圖志)』 등을 탐독했다. 이처럼 고금과 동서를 가로지르는 그의 학문적 열정과 구세정신(救世精神)은 정치와 사회, 철학 등의 영역에서 괄목할 만한 성과를 만들어 냈다. 특히 전통을 비판적으로 수용하는 과정에서 그가 무기로 삼았던 신사상(서양 학문)은 전통 '천도(天道)' 관념을 비판하는 데 매우 효과적이었으며, 이를 기초로 발전시킨 변화관과 역사 진화 사상은 그가 이상으로 삼고 있는 '대동사회(大同社會)'를 그려내는 데 결정적인 영향을 미쳤다.

캉유웨이는 1858년, 광둥성[廣東省] 난하이현[南海縣]에서 태어났다. 어려서 아버지를 여의고 조부모 슬하에서 자라면서 21세까지 송명리학과 양명학을 공부했지만 추종하지는 않았다. 1891년, 광저우[廣州] 창싱[長興]에 만목초당(萬木草堂)을 열고 역사와 철학, 서양 학술을 강의하였으며, 량치차오, 진천추(陳千秋), 강광인(康廣仁) 등 후학을 양성했다. 청일전쟁 패배와 양무운동의 실패로 정국이 혼란에 빠지자, 청나라 개혁을 위한 상소를 꾸준히 올렸고[公車上書], 이로 인해 광서제(光緖帝)의 눈에 들게 된다. 1898년, 광서제는 캉유웨이를 등용해 개혁 정책을 펼치게 되는데, 이것이 바로 변법자강운동이라 부르는 무술변법(戊戌變法)이다. 변법의 내용에는 입헌군주제로의 전환을 비롯해 정부 조직 개편, 군사력 증강, 과거제도 개혁, 상공업 진흥, 베이징대학교와 신식 학교 개설 등이 포함되어 있다. 그러나 서태후(西太后)와 수구파가 다시 지배권을 강화하면서 개혁 조처는 모두 폐지되었다. 광서제는 유폐되고 변법을 추진했던 다수의 지식인이 체포되었으며, 이 과정에서 캉유웨이의 동생을 포함한 개혁 지도자 6명[戊戌六君子]이 처형되었다. 캉유웨이는 일본으로 망명한 후, 보황회(保皇會)를 만들어 입헌군주제를 고수하면서 쑨원을 중심으로 한 혁명파와 대립하게 된다. 결국, 1911년 신해혁명으로 공화국이 성립하면서 그의 입지는 줄어들게 되었고, 1914년 선통제(宣統帝)를 복위시키기 위해 복벽(復辟)을 시도했으나 실패했다. 만년에는 하와이를 비롯한 해외를 떠돌다 1927년 칭다오[靑島]에서 사망했다.

캉유웨이의 사상은 기본적으로 중국 전통 학술에 깊이 뿌리박고 있다. 그는 어려서 주차기(朱次琦)로부터 경전 교육을 받았다. 주차기는 '경세치용'을 강조한 광둥 지역의 저명 유학자로 후에 캉유웨이 등과 함께 '구강학파(九江學派)'를 이룬다. 스승의 영향으로 캉유웨이도 공자사상을 숭상했으며 유학과 관련한 많은 저작을 남겼다. 하지만 이와 동시에 그는 '서학동점(西學東漸)'의 조류 앞에서 적극적으로 서양 근대 문명이 낳은 성과들을 흡수하려고 노력하였다. 캉유웨이는 양무운동의 한계를 지적하는 한편, 잡지와 번역서를 통해 서양의 자연과학과 사회과학의 성과들을 학습하였다. 그는 당시 베이징에서 창간된《만국공보(萬國公報)》(나중에 《중외기문(中外紀聞)》으로 개명)를 탐독하며 서양 각국의 사정을 파악하였고, 서양 서적으로는 광학, 화학, 전학, 물리학, 천문학 및 세계역사와 여행기 등을 섭렵했다. 『일본서목지(日本書目志)』를 보면 그의 관심 분야가 얼마나 광범위했는지 잘 알 수 있다. 특히 그는 서양의 과학기술을 매우 중요하게 생각했다. 비록 처음에는 서양 과학에 대해 많은 오해와 편견이 있었지만, 서양 학술로부터 습득한 논리적이고 과학적인 학문 태도는 그의 사상이 근대적 사상으로 전환하는 데 도움이 되었다.

일반적으로 중국은 외부에서 유입된 사상을 자신의 전통 사상으로 해석하는 문화가 오래전부터 형성되어 있었다. 대표적인 관념으로 중국의 문화로 오랑캐의 문화를 변화시키자는 '이화변이(以華變夷)', 서양 학문은 중국에서 기원했다는 '서학중원(西學中源)', 중국의 문화를 근본으로 삼고 서양의 문화를 보조로 삼는다는 '중체서용(中體西用)' 등이 있다. 그런데 근대 중국에서는 지식인들 사이에서 서구의 개념을 사용해 중국의 전통 사상을 해석하는 풍조가 생겨나기 시작한다. 그것을 '이서석중(以西釋中)', 즉 '서양 사상과 학술로 중국 사상과 학술을 해석한다'는 것이다. 이런 생각을 하고 있던 선구적인 인물이 바로 캉유웨이이다. 그는 기본적으로 유교의 가르침을 사회에 실천하는 것을 학문의 목적으로 삼고 있었다. 그렇지만 전통적인 내용만으로는 위기에 처한 중국을 구할 수 없다는 생각에 공자의 지위를 재설정하고 유교 경전과 유교 교리를 새롭게 해석하였다. 이런 경향은 그가 유교의 대표적 개념인 '인'을 설명하는 데에서도 잘 드러난다. 어떤 학자는 캉유웨이가 논한 '인'에는 대략 여덟 가지 의미가 들어있다고 보았다. 첫째, 불인지심(不忍之心). 둘째, 사랑. 셋째, 흡인력. 넷째, 에테르와 전기. 다섯째, 천지 만물과 일체. 여섯째, 생생지리(生生之理). 일곱째, 하늘이 내려준 것. 여덟째, 차등적. 캉유웨이의 '인' 사상은 공자에서 주자, 양명을 따라 발전한 인학 전통을 기초로 하고 있지만, 여기에만 머무르지 않고 그것을 넘어서서 물리력이나 에테르, 전기 등의 개념으로 '인'을 정의하고자 했다. 이는 캉유웨이의 사상이 서양 학술과 과학 사상의 영향을 크게 받았음을 보여 주는 것이다(劉樹生 2009, 14~15).

캉유웨이는 평생 『예운주(禮運注)』, 『신학위경고(新學僞經考)』, 『공자개제고(孔子改制考)』, 『실리공법전서(實理公法全書)』, 『대동서(大同書)』, 『제천강(諸天講)』 등 상당히 많은 저작을 남겼다. 특히 이 가운데 『대동서』와 『제천강』은 서양 유토피아 사상과 천문학 성과를 유불도(儒佛道) 사상과 융합한 저작으로 이 책들을 통해 캉유웨이가 그렸던 중국의 미래상과 궁극적으로 추구했던 이상적 정신 경지를 엿볼 수 있다.

2. 탁고개제와 인류공법

캉유웨이는 변법의 정당성을 전통 경학에서 찾았다. 그는 『신학위경고』라는 책을 써서 고문경을 비판하고 금문경을 내세웠다. 여기서 '신학(新學)'은 한(漢)나라 말, 왕망(王莽)이 정권을 찬탈해 세운 '신(新)' 왕조의 학문을 가리키며, '위경(僞經)'은 위조한 경전을 말한다. 캉유웨이는 유흠(劉歆)이라는 학자가 왕망의 정권 찬탈을 돕기 위해 경전을 위조했다고 주장했다. 당시 유흠이 날조한 경전은 한나라 이전의 문체로 되어 있어서 '고문경(古文經)'이라고 불렸는데, 캉유웨이는 고문경이 날조된 것이라고 비판하는 한편, 한나라 이후 새롭게 정립된 '금문경(今文經)'이야말로 진짜라고 주장하였다.

금문경과 고문경의 성립과 경전의 진위를 둘러싼 논쟁은 한나라가 세워진 뒤 진시황의 '분서갱유(焚書坑儒)'로 인해 파괴된 경전 체제를 복원하는 과정에서 비롯되었다. 진시황은 6국을 통일한 후 각국에서 사용하던 서로 다른 문자를 '소전(小篆)'으로 정리했는데, 한나라에 들어와 이것이 예서(隸書)로 간략하게 바뀌었다. 이로 인해, 한대 사람은 예서로 쓴 서적을 '금문(즉 당시의 문자)'이라 하고 한나라 이전에 주서(籒書, 즉 大篆) 또는 소전으로 쓰인 후 한대까지 전해진 것을 '고문'이라 불렀다. 금문경과 고문경은 문체뿐만 아니라 5경(五經)의 텍스트 내용이 달랐고, 경문에 대한 해석도 제각각이었기 때문에 학문 분야를 넘어 정치와 사상 영역에도 큰 영향을 미칠 수밖에 없었다. 역사적으로 보자면, 금문경을 추종하는 사람들은 공자를 교육자가 아닌 개혁가로 간주하였고, 경전에 담긴 숨은 뜻[微言大義]을 새롭게 해석함으로써 고문경의 권위에 도전하고 정치개혁의 목표를 이루고자 하였다. 캉유웨이도 금문학의 입장에서 『신학위경고』와 『공자개제고』를 써서 공자를 '탁고개제(托古改制, 옛것에 의거해 제도를 개혁한)'의 개혁가로 간주했다. 나아가 '옛것에 의거해 제도를 개혁한' 문헌인 유교 경전(금문경)을 기초로 청나라의 제도를 개혁하는 '변법'을 시행해야 한다고 주장했다.

그렇지만 '변법'을 수행하기 위해서는 기존 가치관에 대한 비판이 전제되어야 한다. 북송 시기 왕안석(王安石)도 변법을 수행하면서 '의경변고(疑經變古)'의 관점을 제시하고 독창적으로 경전을 해석하여 새로운 학풍을 개척한 예가 있다. 그는 '천불변, 도역불변(天不變, 道亦不變)'이라는 전통 사상에 도전장을 내고, '하늘이 변하여도 무서울 것이 없고, 조종(祖宗)의 법이라도 반드시 본받을 필요는 없고, 사람들의 말도 일일이 신경 쓸 것이 없다[天變不足畏, 祖宗不足法, 人言不足恤]'[1]고 하였다. 불변의 조종지법(祖宗之法)이라는 것은 있을 수 없다는 것이다. 왕안석과 마찬가지로 금문경학을 추종하는 캉유웨이도 전통 '천도(天道)' 관념을 비판하고 합리적인 진리 체계를 세우고자 하였다. 캉유웨이는 "하늘의 작용이 스스로 그런 것임을 안다면 하늘은 그렇게 존엄한 존재가 아닐 것이다"(강유위 2006, 676)라고 하면서 '천리' 대신 '공리(公理)'를 강조했다. 그렇다면 '공리'란 무엇인가? 사실, 이 시기에 캉유웨이만 '공리'를 중시한 것은 아니다. 캉유웨

---

1 『宋史』, 「王安石傳」.

이 외에 다른 변법 시기 지식인들의 사상에서도 '공리'에 대한 언급은 어렵지 않게 찾아볼 수 있다. 예를 들어 옌푸는 "공리라는 것은 누구에게나 똑같이 적용되는 것으로 시대에 따른 학문의 사정진망(邪正眞妄)만이 있을 뿐, 중서신구(中西新舊)의 이름은 존재하지 않는다"(嚴復 1986, 157)고 했으며, 량치차오는 "상하 천년을 통해 볼 때 변하지 않는 시기가 없었고 변하지 않는 일이 없었는데, 이것은 누가 억지로 만들어 낸 것이 아니라 공리가 그러한 것"(梁啓超 2018, 21)이라고 했다.

캉유웨이는 '공리'를 논증하기 위해 『실리공법전서(實理公法全書)』를 썼다. 기하학적 방법을 활용해 저술한 이 책에서 그는 인류의 공리에 대해 체계적으로 논증하였다. 그는 '공리'를 도출하고 인식하는 과정에서 과학 방법이 매우 중요한데, 그 이유는 과학 방법이 '실측법(實測法)', '실론법(實論法)', '허실법(虛實法)'을 포함하고 있기 때문이라고 생각했다. '실측법'은 자연과학자가 공리를 증명하는 방법으로 일종의 실험 방법이다. '실론법'은 기존의 이론과 원리를 근거로 효과를 예견하는 것으로 서양의 귀납법과 비슷하다. '허실법'은 인간의 주관적 판단의 부정확성에 대해 기하학 공리의 필연성과 불변성을 강조하는 것으로 서양의 연역법과 비슷하다. 『실리공법전서』는 여러 개의 '문(門)'으로 나뉘어 있고, 각각의 '문'은 몇 가지의 '실리'[實理, 유클리드 기하학에서의 '정의(定義)'에 해당한다]를 전제로 두고 있다. '실리'로부터 사람들이 일반적으로 수긍할 수 있는 원리를 추출해 '공법[公法, 유클리드 기하학에서의 '정리(定理)'에 해당한다]으로 삼은 후, '공리'와 '공법'에 대해 분석과 비교, 비판을 진행하여[비례(比例)] 최종 '공리'를 도출한다. 즉, 문제를 해결하는 데 있어서 정의-공식-증명이

라는 서구 논리학의 삼단 논법을 사용한 것이다.[2]

예를 들면, 캉유웨이는 '인류문(人類門)'에서 인간의 본질과 본성에 관해 다음과 같이 논증했다. 그는 우선 인간의 본질을 다음의 네 가지로 정의했다. 첫째, 천지의 원소가 합하여 사람이 생겨났다. 둘째, 사람은 저마다 영혼을 갖고 있는데, 이로 인해 지식과 지혜가 생겨났다. 셋째, 사람은 사랑과 악을 가지고 태어나는데, 자라면서 사랑의 측면이 발휘되면 사회에 유익한 존재가 되고, 악의 측면이 발휘되면 사회에 해악을 미치는 존재가 된다. 넷째, 사람은 태어날 때 정직한 마음을 갖고 나왔지만, 자라면서 습관에 물들어 속이려는 마음이 생겨난 것이다. 캉유웨이는 이로부터 인간에 대한 네 가지 정의를 제시한 후, 동물과 구별되는 인류의 공통된 속성을 도출하고자 했다. 여기서 사람의 자연 본성은 본래 같지만, 후천적인 '습관' 때문에 달라졌다는 것은 전통 인성론 가운데 선악 본성론을 부정하고 인간이 모두 평등한 존재라는 근대적 인간관을 제시한 것이며, 이것이 곧 그가 도출한 '인류공법', 즉 '공리'인 것이다.

『실리공법전서』가 논리적 방식으로 변화의 필연성과 당위성을 도출한 저작이라면 『강자내외편(康子內外篇)』은 철학적인 측면에서 변법의 근거를 제시한 작품이다. 『강자내외편』은 캉유웨이가 29살이던 광서 12년(1886)에 지은 책으로, 그는 중국 한나라 때의 금문경학자인 동중서가 중시했던 '원기(元氣)' 개념에 빛, 전기, 역(力), 원소[原質] 등 근대 물리학 개념을 융합하여 우주와 세계의 변화 발전 과정을 설명했다. 캉유웨이는 '원기'가

---

2 康有爲, 「實理公法全書」, 『康有爲全集』 第1集, 北京: 中國人民大學出版社, 2007, 148.

만물을 생산해 내는 본원이자 본질이라면서 '기일원론(氣一元論)'적 '원기설'을 주장했다. 그는 이렇게 말했다.

> 태일(太一)은 태극이고 원(元)이다. 무형에서 일어나 유형으로 나누어져 천지를 이루니 이것이 세상의 시작이다. 역(易)에서 말하는 '건원통천(乾元統天)'은 이것을 말하는 것이다. 천지, 음양, 사시, 귀신은 모두 원이 분화하여 변한 것으로 만물의 원천이다.[3]

> 습윤하고 따뜻한 기가 모여 하늘이 된다. 하늘은 모두 이 습하고 뜨거운 기를 얻어 생겨났다. 하늘은 습하고 뜨거운 기로부터 태양을 만들어 내며, 태양은 습하고 뜨거운 기를 얻어 땅을 생성한다. 땅은 습하고 뜨거운 기를 모아 초목과 짐승과 사람을 만들어 낸다.[4]

세계는 '원(元)'을 본체로 하며 '원'으로부터 만들어져 나온다. 캉유웨이는 원과 태극, 태일은 눈으로 볼 수 없으므로 음양에 대해서만 말할 뿐이지 원과 태극, 태일에 대해서는 말할 수 없다고 생각했다. '원'은 물질적인 존재가 아니지만 그렇다고 의식이 있는 물질도 아니다. 그것은 보이지 않고 말로 설명할 수 없는 추상적 본체이자 정신적인 존재이다. 그러나 여기서 우주 만물과 인류가 생겨나고 인간의 정신도 여기서 나온다.

---

3 康有爲, 「禮運注」, 『康有爲全集』 第5集, 北京: 中國人民大學出版社, 2007, 565.
4 康有爲, 「康子內外篇」, 『康有爲全集』 第1集, 北京: 中國人民大學出版社, 2007, 105.

'원'은 창조의 본원이며 우주 만물의 근본이다. 나아가 '원'은 '기(氣)'와 하나이거나 혹은 동일한 것의 두 측면이다. 천지 만물은 모두 '기'로 구성되어 있는데 '기'는 모두 동일하여 차별이 없다.

캉유웨이는 생물 진화의 구체적인 과정을 부단히 변화하는 유기적 단계로 묘사했다. '기'는 음양으로 전화하기에 "천지의 '리(理)'는 음양일 뿐이다." 우주의 이원성(二元性)은 만물이 생성하고 생장하는 데 있어 기본적 조건이 된다. 습하고 뜨거운 '기'가 생겨나 하늘을 이루고, 그것이 오랜 시간 어우러져서 충돌하면 힘을 만들어 낸다. 이로부터 빛과 전기가 생겨난다. 원소가 변화하여 가까운 하늘에 있는 습하고 뜨거운 '기'는 해가 되고 달이 되고 지구가 된다. 지구는 습하고 뜨거운 '기'를 얻어 초목을 만들어 내고 동물을 만들어 내고 인류를 낳는다.

우주의 본원 문제에서 캉유웨이는 '리', '태극', '도' 등을 만물의 본원이라 본 정주이학(程朱理學)과 기독교 창조설을 비판하고, '기'와 '원'이 우주 만물의 본원이라고 주장한 것이다. 여기서 주목할 만한 부분은 캉유웨이가 주희의 '이선기후(理先氣後)'설에 반대하면서 '이재기후(理在氣後)'설을 주장한 점이다. 그는 '기'가 먼저 있고 난 후에 '리'가 있으며, '리'가 '기'를 따라 생기고 '기'를 따라 소실된다고 주장했다. 캉유웨이가 이렇게 주장한 데에는 나름의 이유가 있다. 만약 '리'가 '기'보다 먼저 존재하며 '천'에 의해 결정된다는 것을 인정한다면, 그가 추구하는 변법은 불가능해지고 사람들은 현재의 불평등을 당연한 것으로 받아들이게 될 것이기 때문이다. 따라서 캉유웨이는 '이재기후'설과 '원기'론 철학을 변법의 당위성을 뒷받침하는 이론적 근거로 삼은 것이다.

3. 대동의 꿈과 이상

캉유웨이는 논리적 방식으로 인류 공리를 도출하고 원기설을 통해 변법의 당위성을 논증한 후, 자연과학의 변화관과 '공양삼세설(公羊三世說)'을 융합하여 『대동서(大同書)』를 집필하였다. 책에서 그는 『예기(禮記)』 「예운(禮運)」에 나오는 '대동(大同)'론과 서양 과학 사상 및 진화론, 여러 사회과학 지식을 융합하여 생활이 풍요롭고 착취가 없으며 마음껏 향락을 누릴 수 있는 미래 이상 사회의 모습을 묘사했다. 『대동서』가 정식으로 출간된 것은 1919년이지만, 유가의 전통 대동설을 다룬 『예운주』가 1884년에 나왔고, 1894년에 쓴 『인류공리(人類公理)』를 여러 차례 수정해 나중에 『대동서』라는 이름으로 고쳤다는 언급으로 볼 때, 『대동서』는 캉유웨이 일생의 사상이 고스란히 녹아 있는 저작이라고 봐도 과언이 아닐 것이다.

『대동서』의 출발은 유교의 '불인인지심(不忍人之心)'이다. 그는 책의 머리말에서 이렇게 말했다.

> 내 이 우주의 한 생물로서 어찌 이 세상과 천계를 버리고 더구나 같은 인류와 인연을 끊고 윤리를 저버리면서까지 홀로 즐거울 수 있겠는가? … 이 세상 천지간의 모든 사람과 동물은 괴로움과 고뇌를 가지지 않은 것이 하나도 없음을 알았다. … 완치되는 시기가 아직 도래하지 않았기 때문인가 보다. 현명한 성왕이신 공자는 일찍이 이것을 근심해서 삼통(三統: 하·상·주 세 나라의 제도가 서로 다르면서도 계승 발전한 것)과

삼세(三世: 혼탁한 거란세, 안정의 시작인 승평세, 성숙한 태평세)의 법을 세우셨다. 이는 거란세 이후 승평세로 바뀌고, 소강 후에 대동으로 나아가는 유일한 방법이라 여겨진다. 세상의 모든 법도를 두루 살펴볼 때, 대동의 도를 버리고는 고통에서 벗어날 길도 즐거움을 구할 방법도 거의 없다. 대동의 도는 지극히 균등하고 공적이며 어진 것으로서 통치의 가장 훌륭한 경지라 할 수 있다. 이 때문에 비록 다른 좋은 도가 있다고 해도 대동의 도를 능가할 수는 없다.

— 강유위 2006, 27

캉유웨이가 『대동서』를 쓰게 된 동기는 고통으로부터 중생을 구제하고[普渡衆生], 혼탁한 속세를 벗어나기[脫離濁世] 위해서이다. 중생들은 태어남으로 인한 고통(어떤 부모에게 태어났는가, 요절, 불치병, 야만 상태, 거주지, 사회적 지위, 성별), 천재지변으로 인한 고통(홍수나 가뭄으로 인한 굶주림, 해충의 습격, 화재, 수재, 산사태, 가옥의 붕괴, 배의 침몰, 전염병), 생활하면서 겪는 고통(홀아비와 과부, 가족이 없는 사람들의 괴로움, 치료받지 못하는 괴로움, 빈궁함에서 오는 괴로움, 비천함에서 오는 괴로움), 다스림을 받는 고통(형벌과 수감 생활, 가혹한 세금, 병역, 국가의 존재, 가정의 구속), 마음으로 인한 고통(어리석음, 원한, 사랑과 그리움, 얽매임, 힘듦, 소원과 욕망, 억압, 차별), 선망받는 데에서 오는 고통 등 갖가지 고통 속에서 살아가며 괴로워한다. 그렇다면 이러한 고통은 어디서 유래하는 것일까? 캉유웨이는 국가가 나뉜 것, 군대의 존재, 민족의 구분, 인종차별, 여성 차별, 가족제도 등이 괴로움의 원인이 된다고 보았다. 이 가운데 서로의 경계를 나누고 차별하는 것이 가장 큰 문제가 된다. "나라가 있게 되면 땅을 다투고, 성을 다투고, 백성을 뽑아 병사를 만들어" 전쟁을 일으켜 막대한 피해와 고통을 야기하기 때문에 "국가만큼 사람에게 심각하고 막대한 피해를 주는 것은 없다"는 것이다(강유위 2006, 153). 그렇지만 무엇보다 『대동서』에서 가장 파격적인 내용은 유교를 신봉하는 캉유웨이가 "모든 고통의 근원은 가족제도"에 있다고 본 점이다. 비록 이 책이 미래 중국의 이상적인 모습을 상상해 묘사한 것이라고는 해도 당시로서는 매우 급진적인 주장일 수밖에 없다. 아울러 이의 연장선상에서 캉유웨이는 여성 차별에 대해서도 신랄한 비판을 가하고 있다. 그는 "여성을 억압하고 차별하며 바보 취급하고 자립할 수 없게 하는 등 여성에 대한 반인간적인 대우는 인간의 도리에 어긋나는 일"이자 "세상에서 가장 괴이하며 불공평한 일"이라면서 여성 차별은 우주의 원리와 사람의 도리에도 맞지 않는다고 주장했다.

> 여자가 억압받고 사는 이유는 … 남자가 강한 힘을 믿고 약자를 업신여겼기 때문이며, 남자들이 독점하고자 하는 사사로운 마음을 갖고 있기 때문이다. 결국, 여자가 남자의 사적 소유물이 되어서, 남자의 권리는 뻗어 나가고 여자는 억압을 받았다. 남자는 방탕한 생활을 해도 묵과하지만, 여자의 음란 행위에는 무거운 형벌을 가하면서 수절을 강요하고 재혼을 허가하지 않았다. 여성 억압은 나라와 종족에도 유익하지 않으므로 남녀를 평등하게 대우하는 법으로 바꿔야 한다.
>
> — 강유위 2006, 345

캉유웨이는 사람들이 받는 고통의 원인에 관해 분석한 후, 이를 해결하고 대동 사회로 나가는 방안을 제시했다. 첫째, 세계 정부 구성. 캉유웨이는 대동 사회를 이루는 방법으로 국경을 병합하고, 민권을 향상하며, 국가를 통합할 것을 제안했다. 먼저 각 나라가 평등한 연방체를 구성하고, 일종의 세계 정부인 공정부가 통치하는 연방 체제를 만들되 궁극적으로 국가의 경계를 없애 세계가 하나가 되도록 해야 한다는 것이다. 그러나 직접 연방제로 가는 것은 풍습과 이해관계의 차이, 국가 크기에 따른 권리 행사의 문제, 의견 수렴이 어려운 점 등 여러 문제로 인해 실현이 쉽지 않다. 따라서 캉유웨이는 소연합으로 시작해서 점차 대연합으로 나가는 단계론을 제시했다. 둘째, 경제 체제 개혁. 캉유웨이는 대동 사회를 이루려면 사유 재산을 없애고 농업·공업·상업을 공공(公共)에 귀속시켜야 한다고 주장했다. 모든 토지를 공유화해서 사유를 금하고 개인적인 매매를 금지하며, 공정부 주도로 생산량을 조절하고 공급을 조절해야 한다는 것이다. 기계의 힘을 빌려 생산 효율을 높일 수도 있으니 노동자는 하루 서너 시간이나 한두 시간만 일해도 충분하다. 셋째, 정치 체제와 사회제도의 개혁. 대동 사회로 나아가려면 국가와 민족, 인종, 언어의 구별과 차별을 없애야 한다. 이것이 구현된다면 전쟁이나 군대도 필요 없고, 소송이나 법률도 필요 없다. 국제 교섭이 없으므로 외교 업무도 필요 없고 지배계급과 피지배계급도 없어진다. 헌법·법률·시행령 등은 모두 전 지역 대중의 공개 토의를 거쳐 결정한다. 캉유웨이는 여기서 한 발 더 나아가 사람과 동물의 차이를 배격하는 생명 사랑의 사상을 전개한다.

인류는 인간 하나만을 위하고 사랑하며 보존하려 했기 때문에, 다른 동물을 죽여서 인간을 먹여 살리는 일을 꺼리지 않았다. 이렇게 해서 이익이 된 것은 많은 생물 가운데서 오직 인간 하나뿐이었고, 그 밖의 생물에게는 피해가 되었다. 이것은 공평하지 못할 뿐 아니라 수치스러운 일이다. … 대동 사회는 사랑이 실현되는 세계이므로 살생을 금할 수 있다. 그때에는 새로운 기술과 방법이 많이 발명되어 반드시 새와 짐승의 고기를 대신하여 영양도 좋고 맛도 좋은 음식이 만들어질 것이다. 그때 사람들 눈에는 새와 짐승의 고기가 오히려 썩은 흙더미로밖에 보이지 않아 살생도 자연히 사라질 것이고, 전 세계인이 모두 살생을 하지 않으려 할 것이다. 소·말·개·고양이를 마치 오늘날의 하인처럼 생각해서 사랑하고 불쌍히 여기며, 부린 만큼 먹여 주고 입혀 주니 이것이야말로 대동 사회의 지극한 사랑이다.

— 강유위 2006, 597

캉유웨이가 그리고 있는 대동 사회의 이상은 『예기』「예운」과 『춘추(春秋)』에 나오는 '대동'에 관한 서술 및 역사 발전관에서 영감을 얻었음이 분명하다. 『예기』에는 대동 사회에 대한 전통적인 서술이 등장하며,[5] 『춘

---

5 『禮記』,「禮運」. "대도(大道)가 행해졌을 때 천하의 공의가 구현되었다. 현명한 사람과 능력 있는 사람을 지도자로 뽑고 신의와 화목을 가르쳤다. 그러므로 사람들은 자기의 어버이만 어버이로 대하지 않았고, 자기의 자식만 자식으로 대하지 않았다. 나이 든 사람은 그 여생을 편안히 마칠 수 있었고, 장년의 젊은이는 그 능력을 발휘할 수 있었으며, 어린아이도 잘 자랄 수 있는 여건을 보장받았고, 고아·홀아비·병든 자도 모두 부양을 받을 수 있었다. 재화가 헛되이 땅에 버려지는 것을 싫어하였지만 그렇다고 그것을 결코 자기 것으로 숨겨 두지 않았고, 스스

추』에는 사회가 '거란세(據亂世)', '승평세(昇平世)', '태평세(太平世)'를 거쳐 발전한다는 공양삼세설이 나온다. 캉유웨이는 인간의 역사 발전은 일정한 궤도가 있으며 낮은 단계에서 높은 단계로 일정하게 발전해 나간다고 보았다. 인(仁)의 실행에도 여러 단계가 있으며, 이는 역사적 발전 과정과 서로 밀접하게 연관되어 있는 것이다. '거란세'는 자신과 가까운 사람에게만 인을 베풀 수 있는 '친친(親親)'의 단계이며, '승평세'는 인류가 서로를 아끼는 '인민(仁民)'의 단계로, 이를 거쳐 태평세에 이르면 모든 중생이 일체가 되는 '애물(愛物)'의 경지에 도달한다는 것이다.

캉유웨이의 역사 진화 사상은 공양삼세설 이외에 다윈 진화론의 영향을 깊이 받았다. 그는 1870년 초에 진화론을 접하게 되는데, 그것은 주로 서양 선교사들에 의해 광범위하게 번역되고 있던 서양 과학에 관한 저작과 신문을 통해서였다. 여기에는 『지학천석(地學淺釋)』, 『지학지략(地學指略)』, 『격물탐원(格物探源)』, 『서학고략(西學考略)』, 『담천(談天)』, 『대동학(大同學)』 등과 《격치휘편(格致匯編)》, 《만국공보》 등이 포함된다.

그가 1882년에 지은 시 속에 등장하는 "세계가 진화론을 만나 새롭게 열렸네(世界開新逢進化)"(康有爲 1958, 118)라는 시구는 젊은 시절부터 가지고 있던 진화론에 대한 그의 관심을 말해 주고 있다. 물론 캉유웨이가 진화론에 대해 비교적 체계적 인식을 갖게 된 것은 1896년 이후의 일로서 옌푸의 『천연론』을 접하고 난 다음부터였을 것이다. 그는 1896년에 펴낸

로 일하는 것을 싫어하지 않았지만, 또한 자기 자신만을 위해서 일하지도 않았다. 이래서 음모를 꾸미는 일이 생기지 않았고 훔치거나 해치는 일도 일어나지 않았다. 그러므로 집집마다 문이 있어도 잠그지 않았다. 이러한 세상을 '대동'의 세상이라고 부른다."

『일본서목지(日本書目志)』에서 7,000여 종의 일본 서적들을 소개하고 있는데, 그중에는 『진화원론(進化原論)』, 『진화신론(進化新論)』, 『진화요론(進化要論)』, 『통속진화론(通俗進化論)』, 『생물진화론(生物進化論)』, 『사회진화론(社會進化論)』, 『족제진화론(族制進化論)』 등 서양 진화론 관련 저작들이 대거 포함되어 있다. 캉유웨이는 중요한 책 제목 아래에는 주석을 달아 두었는데, 이를 통해 서양 진화론에 대한 그의 관심을 엿볼 수 있다.

　그러나 캉유웨이는 다윈 진화론이 경쟁과 투쟁을 지나치게 강조한 것에 대해서는 비판적인 입장을 견지했다. 그는 이렇게 말했다.

　　제대로 알지도 못하면서 황당한 주장을 한 사람 중에는 다윈과 같은
　　자가 있다. 그는 천연(天演)에 관한 학설을 만들어 사람들이 경쟁을 최
　　고의 진리이자 하늘의 법칙으로 여기게 만들었으며 … 현인(賢人)들이
　　모두 그것을 추종하고도 부끄러움을 알지 못하게 만들었다.

　　　　　　　　　　　　　　　　　　　　　　　　　　　　— 강유위 2006, 588

　캉유웨이는 '천연'과 '인의(人義)', '경쟁'과 '합군(合群)'을 비교함으로써 그가 지향하는 대동 이상과 진화론의 차이를 부각하고자 하였다. 그는 이어서 말했다.

　　'천연(天演)'이라는 것은 지각이 없는 반면 인의에는 성식(性識)이 있다.
　　인도(人道)가 합군하여 태평을 이룰 수 있는 까닭은 거기에 본래 애질
　　(愛質)이 있어 그것을 확충할 수 있기 때문이다. 이로 인해 사람이 천

도를 이루고 천선(天善)을 돕고 지선(至善)에 머물러 지극한 대동에 이를 수 있으니 그렇게 되면 결국 많은 사람이 즐거움과 이로움을 얻게 된다.

— 강유위 2006, 588

비록 『대동서』가 전통 유교 경전에서 모티브를 얻긴 했지만, 구체적 내용을 보면 서구적 요소가 상당 부분을 차지하고 있다는 것을 알 수 있다. 그 가운데 에드워드 벨라미(Edward Bellamy)의 『2000년에서 1887년을 돌아보며(*Looking Backward: 2000~1887*)』를 중국어로 번역해 출간한 『백년일각(百年一覺)』과 챔버스(Chambers) 형제의 『통치를 돕기 위한 소박한 말들(*Homely Words to Aid Governance*)』를 번역한 『좌치추언(佐治芻言)』은 캉유웨이가 『대동서』를 쓰는 데 큰 영감을 주었다. 1894년 영국 선교사 티모시 리처드가 발췌·번역해 펴낸 『백년일각』은 과학기술이 극도로 발전해 한없이 안전하고 풍족한 서기 2000년의 세계가 배경이다. 이때는 계급도 없고 일체의 불평등이 해소되었으며, 군대도 존재하지 않고, 모든 정책은 사회적 여론을 통해 결정된다. 이런 모습은 『대동서』에도 그대로 반영되어 있는데, 캉유웨이가 '대동(大同)'이란 용어를 본격적으로 사용하기 시작한 것도 이 책의 중국어 번역본을 읽고 나서부터이다.

『백년일각』이 소설의 형식을 띠고 있어 미래 사회에 대한 묘사가 뛰어나다고는 하지만, 원작의 1/50 정도 분량으로 번역된 것이라서 사회 체제와 제도 등에 대한 체계적 서술은 부족하다. 이에 비해 『좌치추언』은 교학용 참고서로 집필된 책이라 구조가 체계적이고 내용도 매우 논리적이다. 일본의 계몽 사상가 후쿠자와 유키치[福澤諭吉]도 1867년 이 책을 원본으로 삼아 서양 정치경제학 서적인 『서양사정·외편(西洋事情·外編)』을 펴냈다.[6] 중국에서는 1885년, 존 프라이어가 번역·출간했는데, 정치를 논하는 전반부와 경제를 논하는 후반부에서는 모두 자주권의 중요성에 관해 말하고 있다. 『대동서』에 나오는 독립과 평등의 관념, 서양 정부의 형태, 사회 진보와 변화에 대한 사상 등은 이 책을 참고한 것이다 (Tikhvinskiĭ 1962, 352). 물론 두 책 사이에는 엄연한 차이가 존재한다. 먼저 『좌치추언』에서 언급된 '자유기업'은 사회 구조의 기초를 이루며, 국가의 임무는 평화를 유지하고 법률을 집행하는 것으로 나온다. 그러나 이것은 『대동서』의 경제이론과 상반된다. 또한, 캉유웨이는 대동세(大同世)가 오기 전에 결혼제도와 가정이 모두 소멸할 것이라고 보았지만, 『좌치추언』에서는 두 가지가 계속 유지되는 것으로 나온다. 『대동서』에서는 사유재산을 인정하지 않지만, 『좌치추언』은 그렇지 않다(肖公權 1988, 475~481). 이처럼 『대동서』의 내용이 『좌치추언』과 다른 점이 있지만 『좌치추언』으로부터 받은 영향은 결코 경시할 수 없다.

캉유웨이가 전통 유교의 공양삼세설과 대동사상을 서양 과학과 정치이론으로 새롭게 해석한 것은 변법의 정당성을 강조하기 위해 부득이한 것이었다. 그렇지만 그는 '미언대의(微言大義)'라는 명목으로 전통 사상과 서구 사상의 내용을 자의적으로 버무려 견강부회한 측면이 적지 않

---

6 孫青, 『從〈政治經濟學(學校敎學及參考用)〉到〈左治芻言〉—傳敎士譯述對晚清中文世界'西方政治'之學的塑造一例』, 復旦大學歷史學系等主辦'中國現代學科的形成'國際學術硏討會論文, 2005年 9月.

다. 특히 역사순환론의 성격이 짙은 공양삼세설을 직선적 시간관의 진화론으로 풀이한 것은 형식의 유사함으로 가치의 유사함을 대체하려 한 것으로 캉유웨이 사상의 형식주의적 측면을 보여 주는 것이라 할 수 있다(Levenson 1996, 54~61). 그렇지만 캉유웨이의 대동사상이 서구 유토피아 사상과 달리, 인간의 노력과 자각을 강조한다는 점은 주목할 만한 점이다. 유토피아[7]는 본래 일상의 세계와 독립한 작은 천국을 상정한다는 면에서 현실 도피의 성격이 짙다. 이에 비해 대동사상은 세상을 구제하는 것을 목적으로 하며, 인간과 우주의 생명을 중시한다. 대동의 건설은 어떤 초자연이나 신적인 힘을 빌려 이루어지는 것이 아니다. 대동을 추동해나가는 주요한 힘은 도덕이며, 인간의 노력과 자각, 수양을 통해 이루어진다. 유토피아가 이데올로기와 대립하여 실현될 수 없는 인간의 이상 사회에 대한 열망을 상징한다면, 대동 사회는 타인의 고통에 대한 깊은 공감을 기초로 현실 세계의 근본적 변혁과 깊이 맞물려 있다는 점에서

---

7 중국의 학자 천정옌(陳正焱)은 중국의 대동사상을 크게 여섯 가지로 구분했다. 첫째, 노자(老子)의 '소국과민(小國寡民)'이나 『예기』 「예운」의 '대동' 등으로 원시공동체 사회. 둘째, 불교의 '정토(淨土)'나 '극락', 도교의 '선경(仙境)' 등과 같이 비인간 세계의 경계를 묘사한 것. 셋째, 소설이나 시 등에서 묘사된 이상적인 세계. 도연명의 「도화원기」가 대표적이다. 넷째, 정치가나 개혁 사상가의 사회 구상 방안들에서 나오는 모델. 정전제(井田制)가 이 유형을 대표한다. 다섯째, 서구 공상사회주의와 같은 공동체 실험들에서 나타나는 것들. 동한의 장로(張魯, ?~216)가 세운 '의사(義舍)'나 명나라 때 하심은(何心隱, 1517~1579)이 창립한 '취화당(聚和黨)' 등. 여섯째, 역대 농민기의에서 제출한 행동강령이나 구호들. 당나라 때 황소(黃巢, ?~884)가 주창한 '균평(均平)'이나 송나라 때 방랍(方臘, 1048~1121)이 내세운 '귀천과 빈부의 평등(等貴賤, 均貧富)' 등(진정염 1999). 이에 비해 임지현, 김영한은 『서양의 지적 운동 2』에서 서양의 이상사회를 환락형인 코케인(Cockaygne), 낙원국형인 아르카디아(Arcadia), 신적인 질서가 구현된 천년왕국(Millennium), 과학과 진보의 힘으로 구현되지만 상상속에만 존재하는 유토피아(Utopia)로 구분하였다(김영한·임지현 1998).

큰 차이가 있다.

4. 정신적 이상향, 천유경지

캉유웨이 사상의 서학(西學)적 요소는 이상 사회를 구상하고 미래 사회의 변화를 예측하는 데뿐만 아니라, 궁극적인 정신의 안식을 구하는 데에도 중요한 영향을 미쳤다. 전통교육에만 의지하고 있던 캉유웨이는 청일전쟁의 패배를 겪으면서 서양 과학에 관심을 갖게 되었다. 그는 서양 사정과 국내 정세를 전하는 신문을 매일매일 정독하였고, 성광화전[聲學·光學·化學·電氣]에 관한 과학서적들을 두루두루 섭렵했다. 그는 현미경과 망원경 등 서양 과학 기구들을 접한 뒤, 뛰어난 기능에 찬탄을 금치 못했으며, 코페르니쿠스의 지동설과 뉴턴의 천체역학에도 큰 관심을 보였다.

캉유웨이는 상하이에 세워진 무기 제조 공장이자 과학기술 연구기관인 강남제조국(江南製造局)으로부터 서양 근대 과학 기술에 관한 책을 빌려보았는데, 여기에는 성광화전 뿐만 아니라 천문학, 지리학 관련 서적들도 포함되어 있었다. 캉유웨이는 자연과학(물질과학) 학습을 강조했다. "광물을 연구해야 광물질을 얻을 수 있고, 농공상을 연구해야 창조가 가능하며, 화학·광학·전기·동력과 천문지리를 연구해야 사리에 통달"할 수 있기 때문이다.

인간과 사회, 우주에 대한 폭넓은 사고를 바탕으로 캉유웨이는 1926년, 『제천강』을 펴냈다. 그는 젊어서(28세)부터 천문 역상에 관심이 많았는

데, 『수서(隋書)』와 『명사(明史)』 등 중국 역대 정사(正史) 천문지(天文志)의 천
문학 지식을 비판적으로 검토한 후, 『법원주림(法苑珠林)』, 『기세경(起世經)』,
『파사론(婆沙論)』, 『장아함경(長阿含經)』, 『유가론(瑜伽論)』, 『잡보장경(雜寶藏經)』
등의 불경을 참고하고 산학(算學)과 서양 천문학 성과를 융합해서 하늘에
대한 새로운 관점을 제시했다.

『제천강』은 모두 15편으로 구성되어 있는데, 목차를 통해 볼 때 이 책
은 당시 영국 선교사 알렉산더 와일리(Alexander Wylie)가 번역한 『담천(談
天)』을 참조해서 집필했을 가능성이 크다. 캉유웨이는 『제천강』에서 먼
저, 태양계의 기원, 태양 중심설과 일식, 월식, 혜성, 유성, 태양의 흑점,
밀물, 지진, 화산 등의 현상에 대해 과학적으로 설명하고, 이를 기초로
그는 중국의 전통 천문관(天文觀) 및 '천인감응설(天人感應說)', '재이설(災異說)'
등 자연현상과 인간사 사이에 필연적 연관이 있다는 미신적 관점을 비판
하였다. 옛날에는 관측 및 측량기구가 발달하지 못해 "하늘이 얼마나 크
고 땅이 얼마나 작은지"를 알지 못한 채, 땅은 하늘의 반려라는 생각으로
"하늘은 아버지 땅은 어머니[乾爲父, 坤爲母]"라고만 되뇌었다. 캉유웨이는
만약 세상의 정치가들이 실상을 깨달아 우주의 무궁함과 위대함에 비해
자신의 존재가 보잘것없다는 것을 알았다면 쓸데없는 쟁탈을 하지 않았
을 것으로 생각했다.

다음으로, 캉유웨이는 『주역』 사상과 근대 천문학 및 지질학 지식을
융합해서 우주를 '제천(諸天)'의 무한한 변화 과정으로 보았다. 이러한 변
화관은 젊은 시절부터 형성된 것으로 그의 학습 여정을 보면 잘 알 수
있다.

어려서 송원명의 학안과 『주자어류』를, 해장화림(海幢華林)에서 불경을 많이 읽었고 … 시간 날 때마다 사교(四敎)의 학설도 살펴보았다. 아울러 산학(算學)을 배우고 동시에 서학 서적도 두루 보았다. 가을, 겨울 홀로 독서와 사색으로 보내고 나니 12월에 이르러 깨달음이 깊어졌음을 느꼈다. 현미경을 통해 수백 배 확대해 보니 벼룩이 바퀴 만해 보이고 개미가 코끼리 만해 보였는데 여기서 큰 것과 작은 것이 모두 같다(大小齊同)는 도리를 깨닫게 되었다. 전기와 빛이 1초에 수만 리를 가는 것을 보고 느리고 빠름이 모두 같다(久速齊同)는 도리를 깨달았다. 지극히 큰 것 바질에 더 큰 것이 있고, 지극히 작은 것 안에 더 작은 것이 있으니 하나를 쪼개고 쪼개면 끝이 없어 만 가지 중에 같은 것이 하나도 없다. 혼돈한 원기(元氣)로부터 태평한 세계가 나온다. … 도는 원(元)을 체(體)로 삼고 음양을 용(用)으로 삼는다. 이(理)는 모두 음양이 있고, 기(氣)는 냉열(冷熱)이 있으며, 힘[力]은 밀고 당기는 것이 있으며, 물질은 응고와 유동이 있고, 형태는 네모와 원이 있으며, 빛은 흰 것과 검은 것이 있고, 소리는 청탁이 있으며, 신체는 암수가 있고, 정신은 혼과 백이 있다. … 경전의 오묘한 말들을 합하고 유불(儒佛)의 미묘한 종지를 탐구하여 중서의 새로운 이치와 섞어 하늘과 인간의 변화를 궁구하며 여러 가르침을 모아 천지를 분석하고 고금을 해부하여 장래를 예측한다. 생물의 근원으로부터 사람의 무리, 여러 하늘의 우주, 별들의 세계를 탐구하는 … 이것이 도술(道術)이고 이것이 행함이다.[8]

---

8 康有爲, 「我史」, 『康有爲全集』 第5集, 北京: 中國人民大學出版社, 2007, 64.

캉유웨이는 『제천강』에서 '하늘을 아는 것[知天]'이 얼마나 중요한지 반복해 설명했다.

> 땅 위의 사람은 모두 천상(天上)의 사람이니 우리는 모두 천상의 존재이다. 사람은 천을 모르기 때문에 자신이 천인(天人)이라는 것을 모른다. 따라서 사람이라면 누구나 하늘을 알아야 하며, 그런 다음에야 비로소 천인이 될 수 있다. 지구가 천상에 있는 하나의 별이라는 것을 알아야 우리가 천상의 사람이라는 것을 알 수 있다. … 천인으로 태어나 하늘의 모든 만물이 나에게 갖추어져 있으니 세상의 즐거움이 이보다 큰 것이 없다. 자고로 어리석은 자는 하늘을 알지 못하면서 가정만 아니 이를 두고 가인(家人)이라 하겠다. 또 어떤 이는 자기 마을과 족당(族黨)만 알고 하늘을 모르니 향인(鄕人)이라 하겠다. 군읍(郡邑)이 있는 것만 알고 하늘을 알지 못하니 읍인(邑人)이라 하겠다. 나라만을 알고 하늘을 모르니 국인(國人)이라 하겠다. 최근 세상이 서로 통하게 되어 지구를 유람하고 오대주를 자기 집처럼 여기는 자가 부지기수인데 이들 또한 하늘을 모른다면 지인(地人)일 뿐이다.[9]

사람은 원래 모두 천상의 사람, 즉 천인(天人)이지만 자신이 천인인 것을 모르니 기아와 헐벗음, 전쟁과 자연재해, 탐욕과 시비, 공포와 우환 등 여러 가지 고통을 겪게 된 것이다. 이런 고통에서 벗어나기 위해서는

---

9 康有爲, 「諸天講」, 『康有爲全集』 第十二集, 北京: 中國人民大學出版社, 2007, 12.

반드시 "하늘을 알아야" 하며, 사람마다 "동포 천인들을 소리쳐 깨워 자신들이 천상의 사람임과 하늘이 무궁한 존재임 알게 해야 한다."[10] 캉유웨이가 말하는 '지천'이란 전통적 관념인 '지명(知命)' 혹은 '지운(知運)'이 아닌, 실측과 관찰 등 자연과학 방법을 기초로 우주를 아는 것을 의미하는 동시에, 궁극적으로는 하늘과 땅의 실상을 깨달아 더 높은 인생 경지에 도달한다는 의미도 있다. 그는 망원경과 현미경 등 서양의 정밀기기가 뛰어난 기능을 갖고 있으므로 '지천'의 과정에서 매우 중요한 역할을 할 수 있다는 점을 거듭 강조했다. 그는 과학을 '기(器)'로, 우주관을 '도(道)'로 보았으며, '기를 통해 도를 파악한다'거나 '기가 충분히 도를 변화시킬 수 있다'는 생각을 적극적으로 드러냈다.

> 도(道)는 기(器)가 아님을 숭상하나 기도 도를 변화시킬 수 있다. … (과학은) 기이지만 도로 나아갈 수 있다. … 기의 쓰임은 매우 크다! 현미경과 망원경은 모두 조잡한 기물이지만 토성과 목성을 볼 수 있고, 이를 통해 그 별들이 지구와 다른 것을 알 수 있다. 또한, 가깝게는 주변의 미물들을 관찰할 수 있고, 인체의 기관을 자세히 볼 수 있으며, 폐속에서 생물이 자라는 것도 볼 수 있고, 물속 작은 미생물을 용과 코끼리만 하게 확대해 볼 수도 있다. 따라서 큰 도[大道]는 바로 여기서 나온다 할 수 있다.[11]

---

10 같은 곳.
11 康有爲, 「諸天講」, 『康有爲全集』 第十二集, 北京: 中國人民大學出版社, 2007, 196.

현미경과 같은 '기물[器]'은 분명 사람들의 감각기관 능력을 확장시키는 기능이 있다. 따라서 캉유웨이는 "기물의 쓰임은 매우 크다"고 감탄한 것이다. 하지만 이렇게 말한 까닭은 과학 기구들이 그동안 맨눈으로 볼 수 없었던 것들을 볼 수 있게 해 주었기 때문만이 아니라, 사람들에게 '대도(大道)'를 깨우치는 첩경을 알려줄 수 있다고 생각했기 때문이다. 캉유웨이가 생각할 때, 과학의 역할이 크긴 하지만 여전히 '도'는 도달해야 할 궁극의 본체이다. 따라서 "기는 능히 도를 변하게 할 수 있다[器足以變道]"는 말도 '도' 자체를 폐기하는 것이 아니라 '도'의 의미는 시대에 따라 재해석될 수 있다는 뜻을 담고 있는 것이다.

『제천강』에서 캉유웨이는 중국의 전통 천문학을 비판하고 서양 과학 사상을 찬양했는데, 이것은 그가 전통 학문을 포기했다거나 서학의 추종자가 되었음을 의미하는 것은 아니다. 그는 변법 시기 내내 전통주의자의 모습을 견지했으며, 이는 서양의 과학과 중국의 전통 도덕 가치가 병존할 수 있고 양자가 서로 모순되지 않는다는 생각에 기반을 둔 것이다. 즉 다른 변법파 사상가들처럼 과학적 가치와 도덕적 가치는 서로 상생할 수 있다고 본 것이다. 그가 비판한 전통 관념은 실제적 관찰과 실험에 근거하지 않은 것들로 황당한 이론과 미신적 요소들은 서양 과학 방법에 의해 시정되어야 한다고 본 것이다.

캉유웨이는 『제천강』에서 하늘에 대해 논할 때, '지천'을 강조하기도 했지만, 다른 한편으로는 '천유(天游)'의 경지를 강조했다. 그는 전통 사대부와 같이 우환의식(憂患意識)을 지니고 '구세심리(救世心理)'와 '초월심리' 사이에서 갈등했다. 캉유웨이는 자신이 "비록 세계와 천계(天界)를 버릴 수는 있을지라도 사람으로부터 도망가거나 홀로 즐겁기를 구하지는 않을 것이다"라고 했는데, 이것은 그가 궁극적으로는 '초월'을 추구하지만 '구세'의 마음 또한 버릴 수 없다는 결연한 의지 표현이다. '지천'과 '천유'를 똑같이 중시했던 것처럼 '이상'과 '현실' 또한 캉유웨이에게 있어서는 선택의 대상이 아니었다. 캉유웨이는 『제천강』에서 사람들이 풍부한 자연 과학 성과와 근대 천문학 지식을 습득하여 우주의 무한함을 인식하고 나아가 자신들이 모두 '천상의 사람'이라는 것을 깨닫게 되기를 바랐다. 그는 주렴계(周廉溪)의 『통서(通書)』에 나오는 '큰 것을 보면 마음도 커진다[見其大則心泰]'라는 말을 인용하여 이렇게 말했다.

내가 천을 말하는 까닭은 우리 동포 천인(天人)들을 소리쳐 깨워 모두 가 자신이 천상인이라는 것을 깨닫고 하늘의 무한함을 알게 하려는 것이다. 사람은 에테르[以杁]를 타고 하늘에서 노닐 수 있는데[天遊], 그렇게 되면 천인의 도와 천상의 극락이 모두 거기 있게 된다.[12]

'천인'이란 '스스로 그러한 바에 따르는[順其自然]' 사람으로 도가(道家)에서 말하는 이상적 인간이다. '천유' 역시 『장자(莊子)』에 나오는 말로 유한자(有限者)에 의지하는 바가 없이 자연 속에서 노니는 것을 말한다. 캉유웨이의 이상은 도가에서 말하는 바와 같이 '반박귀진(返朴歸眞, 소박함과 참됨으로 회귀함)'하여 가계(家界)가 없고 국계(國界)도 없는 대동 세계에서 생

---

12 康有爲, 「諸天講 · 自序」, 『康有爲全集』 第12集, 北京: 中國人民大學出版社, 2007, 12.

활하는 것이다. 그는 사회제도와 물질적 조건을 어떻게 변화시켜야 사람들이 행복을 얻을 수 있을지 오랫동안 고민했다. 물질적 행복과 사회제도와의 관계는 매우 밀접해서 정치제도를 개혁하고 공업을 발전시키면 인류가 행복해질 수 있을 것이라 생각했다. 그러나 『대동서』를 집필하면서 접한 현실적 한계와 모순은 그를 끊임없이 괴롭혔다. 그가 『대동서』에서 추구하는 이상 사회는 과학기술과 생산력이 극도로 발전해야 하며, 인류 또한 진화의 최고 정점에 도달해야만 가능하기 때문이다. 그러나 인간의 인식능력과 미래 사회의 발전에 대한 뚜렷한 확신이 없는 캉유웨이가 보기에 대동 사회의 도래는 언제 가능할지 모르는 일이었다. 인간 인식의 협소함으로 인한 '지천'의 한계는 그의 관심을 상대주의 인생관과 불가지론적 세계관으로 돌리게 했다. 이것이 바로 캉유웨이가 『제천강』에서 인간의 정신적 초탈을 강조해 말한 까닭이기도 하다. 그는 만년에 현실 세계에 실망하여 "만물을 가벼이 여기고 천지에서 노닐기로[輕萬物, 玩天地]" 결심하였다. 세상에서 소위 말하는 '제왕장상, 빈부요수(帝王將相, 貧富夭壽)' 등은 신경 쓰지 않는다. 이런 피세관(避世觀)으로 인해 『제천강』은 공상적 요소가 많아졌으며, 시적 의미가 짙은 철학 작품이 되었다.

캉유웨이는 서양의 근대 과학과 학술에 대해 강렬한 지적 욕구를 가지고 있었지만, 체계적인 서학 교육을 받지 못했기에 여러 한계를 드러냈다. 그는 외국어를 알지 못했기 때문에 주로 서양 선교사나 강남제조국에서 출판된 번역서, 그리고 신문과 잡지 등을 통해 서양 학술을 접했다. 이에 따라 그의 지식 체계는 불완전하고 절충주의적인 특징을 갖게 되었고, 서양 학술을 객관적으로 이해하기에는 한계가 있었다. 그는 전통 사유 방식에 기대어 서양 과학을 이해했는데, 이런 방식은 그가 서양 과학을 수용하는 데 거부감을 없애 주었지만, 다른 한편으로는 그의 사상을 "중국 것도 아니고 서양 것도 아닌[不中不西]" 정체성 모호한 것으로 만들었다. 주관적이고 직관적인 사유 방식으로는 실증을 강조하는 서양 근대 과학을 제대로 이해하고 받아들이기 쉽지 않았을 것이다.

『대동서』나 『제천강』은 엄밀하고 논리적이고 실증적인 방법으로 쓰인 체계적인 저작이 아니라, 서양의 개별 과학 지식과 중국의 전통 사상을 형식적으로 결합하고 거기에 문학적 상상력을 동원해 완성한 저작이다. 하지만 저작들이 가지고 있는 여러 부족한 점에도 불구하고 『대동서』에서 『제천강』으로 이어지는 캉유웨이의 사상 여정은 양무운동 시기의 '기물(器物)'적 과학 인식 태도를 벗어나 보편적 가치 체계로서 과학을 인식할 수 있는 계기를 마련했다는 점에서 매우 중요한 의의가 있다. 즉 양무파 지식인들이 서양의 과학기술을 형이하의 '기(技)'와 '기(器)'로 간주하였다면, 캉유웨이는 거기에 형이상적이고 보편적인 '도'의 기능과 가치를 부여함으로써 형이하적인 것과 형이상적인 것의 원만한 융합을 시도한 것이다. 사실상, 이 점에서는 캉유웨이뿐만 아니라 대부분의 변법 사상가들이 공통된 경향을 보인다. 즉 캉유웨이가 기하학 공리로부터 인류의 공리를 도출해 낸 것처럼 변법 사상가들 역시 자연과학 원리로부터 사회 정치 학설을 도출해 내려 하였다. 이것은 훗날 인류 활동의 모든 측면을 과학으로 환원하는 '과학주의(科學主義)'로 수렴되는데, 과학을 적극적으로 수용하고 소개했지만, 그 한계를 깨닫고 인생의 이상적 정신 경지로 눈을 돌린 캉유웨이의 사상에서 볼 때 '과학'과 '철학(인생관)'의 모순적 관계는 이미 이 시기부터 잉태되었다고 할 수 있다.

캉유웨이는 서양 과학 사상의 영향을 받아 전통적 '천'의 속박에서 벗어나려고 하였지만, 그에게 있어 '천'의 개념은 여전히 모호했다. 특히 그는 베르그송의 범신론과 신비주의에 경도되었으며, 불가지론적 사유로 인해 그의 '천'은 물질적이기도 하고 정신적이기도 한 이중적 존재가 되어 버렸다. 이런 모순은 캉유웨이가 세계를 이원론적으로 생각도록 만들었다. 그는 세상을 두 영역으로 나누었는데, 하나는 과학으로 인식 가능한 세계이며, 다른 하나는 인식능력이 미치지 못하는 세계이다. 캉유웨이가 비록 대동 이상을 제시하긴 하였지만 '대동'의 극락(極樂)이 '차안(此岸)'에서 절대로 실현될 수 없음을 잘 알고 있었기에, 그는 대동 사회의 이상으로부터 이탈해 천유 경지로 관심을 돌리게 된 것이다. 즉, 그는 서양 진화론의 영향을 받아 대동 사회의 이상을 실현하고자 하였으나 이상과 현실의 괴리, 그리고 그가 가정한 단선적 대동주의의 어려움을 깨달은 후 결국은 '천유' 경지를 추구하는 것으로 마음을 돌리게 된 것이다. 캉유웨이는 젊은 시절 그가 찬탄해 마지않았던 과학 기구가 사람의 인식능력을 확대해 '대도(大道)'에 가까이 가도록 해 준다는 생각에는 변함이 없었다. 그러나 '기물(器物)'과 인간 감각의 유한한 능력은 '천'의 무한함에 비추어 볼 때 실로 보잘것없는 것이었다. 그는 현실 사회와 정치를 개혁하는 데도 이런 현실에 깊은 절망감을 느꼈다. 이런 비관주의적 경향은 그가 대동 이상의 추구와 동시에 천유 경지에 경도되게 된 이유이며,『대동서』를 완성함과 동시에 곧바로『제천강』을 저술하여 '천유지학(天遊之學)'을 제창한 근본 원인이라 할 수 있다.

참고자료

강유위, 『대동서』, 을유문화사, 이성애 역, 2006.

김영한·임지현, 『서양의 지적 운동 2』, 지식산업사, 1998.

진정염, 『중국의 유토피아 사상』, 이성규 역, 지식산업사, 1999.

『禮記』, 「禮運」.

『宋史』, 「王安石傳」.

Levenson, J. R., 『梁啓超與中國近代思想』, 成都: 四川人民出版社, 1996.

Tikhvinskiĭ, S. L., 『中國變法運動和康有爲』, 上海: 三聯書店, 1962.

康有爲, 『康有爲詩文選』, 北京: 人民文學出版社, 1958.

_____, 『康南海自編年譜』 27歲, 光緒10年條, 北京: 中華書局, 1984.

_____, 「日曬書月志」, 『戊戌變法前後』 卷10, 上海: 上海人民出版社, 1986.

_____, 『康有爲全集』 第1集~第12集, 北京: 中國人民大學出版社, 2007.

梁啓超, 「變法通義」 自序, 『梁啓超全集』 第1集, 北京: 中國人民大學出版社, 2018.

劉樹生, 『康有爲與譚嗣同仁學思想比較硏究』, 黑龍江大學碩士學位論文, 2009.

嚴復, 「英文漢詁'卮言」, 『嚴復集』 第1冊, 北京: 中華書局, 1986.

肖公權, 「'大同書'與'佐治芻言'」, 『康有爲思想硏究』, 臺北: 聯經出版事業公司, 1988.

과학과 부강의 전도사
옌푸

한성구

단국대학교 일본연구소 HK+ 연구교수

1. 망국의 위기에서 부강의 길로

옌푸는 근대 중국의 저명 계몽 사상가로 망국의 위기 앞에서 개혁과 부강의 길을 모색한 인물이다. 그가 동시대 개혁 사상가들과 다른 점은 분명하다. 캉유웨이, 량치차오, 담사동 등 대다수 지식인이 개혁에 필요한 서양 학문을 번역서를 통해 받아들인 것과 달리, 옌푸는 서양에서 유학하며 서구 근대 지식과 문화를 몸소 체험하고 습득했다. 여기서 그치지 않고 그는 서구의 정치, 경제, 사회, 학술 등에 관한 서적을 직접 선별·번역해 중국에 직접 소개하기까지 했다. 특히 그는 과학을 중요하게 생각해서 과학 사상과 과학 방법으로 중국의 학술과 문화를 변화시키고자 했다. 옌푸가 궁극적으로 고민한 문제는 어떻게 하면 망국의 위기에 처한 중국을 개혁해서 부강의 길로 이끌 것인가 하는 점이었다.

옌푸가 생활했던 시대는 동아시아의 격동기였다. 아편전쟁(1840~1842)에서 영국 함대에 무기력하게 패한 청조는 영국과 불평등 조약을 맺어 홍콩 등을 할양했으며, 여기에 더해 막대한 전쟁 배상금을 지급할 처지에 놓이게 되었다. 설상가상으로 남동부 지역에서는 중국 역사상 최대의 농민혁명이 발발했고, 난징[南京]에서는 태평천국의 난이 일어나 국가 재정은 파탄 나고 백성들은 극심한 고통을 겪을 수밖에 없었다. 이런 와중에 청 정부는 위기를 타개하기 양무운동을 추진했다. 양무운동은 서양의 앞선 기술을 들여와 군의 근대화와 정치적 중흥을 꾀하려는 정부 주도의 서구화 운동이다. 양무운동이 시작되고 나서 얼마 지나지 않아 푸젠성[福建省] 허우관[侯官]에서 태어난 옌푸는 푸저우[福州]에 세워진 마미선정창(馬尾船政廠) 부설 학당에 입학해 청년 시절을 보냈다. 푸저우는 아편전쟁의 패배로 체결된 불평등 조약인 난징조약[南京條約]에 따라 개항된 5개 항구 중의 하나이다. 부친의 갑작스러운 죽음으로 어려운 상황에 처해 있던 옌푸로서는 학비가 없고 생활비도 지급되는 선정학당(船政學堂)에 입학하는 것이 최선의 선택이었다. 이곳에서 옌푸는 항해술과 조선술뿐만 아니라 항해술에 필요한 기초과학과 외국어 등을 5년간 공부했다. 이는 어릴 때부터 유교 경전을 공부하며 과거시험을 준비하던 전통 사대부들과는 완전히 다른 진로이다.

1877년, 해군 항해사의 길을 걷고 있던 25세의 옌푸에게 일생일대의 기회가 찾아왔다. 청조가 유럽에 파견하기 위해 선발한 첫 번째 국비 유학생이 된 것이다. 옌푸는 1877년 3월 31일 중국을 떠나 1879년 8월 귀국할 때까지 약 2년 반 동안 영국의 왕립 그리니치 해군대학(The Royal Naval Academy)에 재학하며 항해술과 함께 서양 정치제도와 사회사상, 철학 등 서양 문화 전반을 폭넓게 공부하였다. 귀국 후에는 양무파 대신 이홍장(李鴻章)에게 초빙되었으며, 천진(天津) 북양수사학당(北洋水師學堂)에서 10년 정도 근무했다. 옌푸는 그곳에서 교장의 지위까지 올랐지만, 이것이 결코 사회적 성공을 의미하는 것은 아니었다. 북양수사학당의 교장은 관제 상으로 정4품에 해당한다. 이는 열여덟 등급의 문무관 품계에서 일곱 번째로 그리 높은 지위가 아니다. 과거시험을 거쳐 중화주의(中華主義)와 화이관념(華夷觀念)으로 무장한 정통파 사대부 관료들이 조정의 요직을 독차지하고 있는 현실에서 해외 유학 경력은 그의 출세에 아무런 도움이 되지 못했다. 이런 상황을 잘 알고 있었던 옌푸는 북양수사학당 교장으로 재임하던 중에도 여러 차례 과거시험에 응시했지만, 만족스러운 결과를 얻지는 못했다.

1894년, 조선의 동학혁명을 빌미로 일본이 일으킨 청일전쟁은 옌푸에게 새로운 시련으로 다가왔다. 당시 아시아 최강을 자랑하던 청조의 북양해군(北洋海軍)은 일본의 함대에 손 한 번 제대로 써보지 못한 채 무기력하게 무너졌다. 선정학당의 동창들, 영국으로 함께 유학했던 친구들, 그리고 북양수사학당의 제자들이 해전에서 목숨을 잃었다. 청일전쟁에서의 대패는 청조가 추진했던 양무운동의 파산을 의미하는 것이었다. 양무운동의 한복판에 서 있던 옌푸도 이를 계기로 미몽에서 깨어났다. 그는 이제까지 청조가 추진해 온 개혁은 겉모습만 바꾸는 것이었을 뿐, 근본이 바뀌지 않으면 나라의 위기는 해결되지 않을 것이라는 사실을 깨닫게 된 것이다.

옌푸는 먼저 중국이 외래문화를 수용할 때 취하던 기본적인 입장인 '중체서용(中體西用)'의 이념을 비판했다. '중체서용'이란 중국의 전통 가치관을 근본으로 삼아 서양의 기술적인 성과를 받아들여야 한다는 것으로, 여기에는 서양 문명에 대한 중국의 우월감이 내재해 있다. 옌푸는 양무운동이야말로 '중체서용'의 이념이 충실하게 반영된 정책이라 생각했다. '중체서용'으로 인해 중국이 가진 문제점을 제대로 파악하지도 못하고 서양의 우수한 문화도 제대로 받아들이지 못하게 되었다는 것이다. 그는 '중체서용'에 대해 "소의 머리에 말의 몸통을 붙이는 격"이라고 비판했다.

> (중체서용이란) 소의 머리에 말의 몸통을 붙이는 격이다. … 중학(中學)에는 중학의 체용(體用)이 있고, 서학(西學)에는 서학의 체용이 있으니, 분리하면 둘 다 성립하지만, 합하면 둘 다 망한다.[1]

엔푸는 서양을 제대로 배우기 위해서는 서양의 기술뿐만 아니라, 그 기술을 가능하게 한 사상과 제도, 종교, 문화까지도 배워야 한다고 주장했다. 즉, 서양이 부강한 원인을 '선견포리(船堅砲利, 튼튼한 배와 정밀한 대포)'에서만 찾아서는 안 되며, 오랜 시간 서구 문화를 지탱해 온 뿌리와 토대까지 알아야 한다는 것이다.

엔푸는 1890년 군을 떠난 뒤, 1895년 천진에서 발행되는 《직보(直報)》에 「세계 변화의 빠름을 논함(論世變之亟)」, 「강함이란 무엇인가(原强)」, 「죽음에서 구하기 위한 결론(救亡決論)」 등의 개혁론을 발표했다. 그는 "전쟁에서 패배한 것은 슬프지 않다. 슬픈 것은 중국인의 민지(民智)가 낮고, 민덕(民德)이 쇠하고, 민기(民氣)가 약한 것이다"[2]라면서, 백성의 계몽과 지식

---

1 嚴復, 「與〈外交報〉主人書」, 『嚴復集』 第3冊, 北京: 中華書局, 1986, 558.
2 嚴復, 「原强」, 『嚴復集』 第1冊, 北京: 中華書局, 1986, 9.

인의 각성을 부르짖었다. 나아가 그는 중국의 개혁과 부강에 도움이 될 만한 서양 명저를 직접 번역·출간했다. 옌푸는 무술변법(1897) 이후부터 신해혁명(1911) 전까지 십여 년 동안 『천연론』, 『명학천설(名學淺說)』, 『원부(原富)』, 『법의(法意)』, 『사회통전(社會通詮)』, 『군기권계론(群己權界論)』, 『목륵명학(穆勒名學)』, 『군학이언(群學肄言)』 등 여덟 권의 서양 명저를 번역했다.

「엄역명저총간(嚴譯名著叢刊)」 출판 연도 및 원제[3]

옌푸의 번역서	출판 연도	원제(한국어 제목)	저자(중국명)	원저작 출판 연도
天演論	1897	*Evolution and Ethics* (진화와 윤리)	Thomas H. Huxley (赫胥黎)	1893
原富	1901	*An Inquiry into the Nature and Causes of the Wealth of Nations* (국부론)	Adam Smith (亞當·斯密)	1776
社會通詮	1904	*A History of Politics* (정치학사)	Edward Jenks (甄克斯)	1900
群學肄言	1903	*The Study of Sociology* (사회학 연구)	Herbert Spencer (斯賓塞)	1873
群己權界論	1903	*On Liberty* (자유론)	John S. Mill (約翰·穆勒)	1859
穆勒名學	1905	*A System of Logic* (논리학 체계)	John S. Mill (約翰·穆勒)	1843
法意	1904	*The Study of Sociology* (법의 정신)	Montesquieu (孟德斯鳩)	1748
名學淺說	1909	*Primer of Logic* (논리학 입문)	William S. Jevons (耶方斯)	1876

---

3 1931년, 상무인서관(商務印書館)은 옌푸가 번역한 주요 서적들의 재판을 집중적으로 발행했는데, 여기서 '엄역명저총간(嚴譯名著叢刊)'이라는 이름이 유래했다.

엔푸는 서양 명저 번역을 통해 서구적 가치를 중국에 전파하고자 했는데, 위의 표에서 보듯이 그가 소개한 책들은 정치, 경제, 사회, 사상 등 굉장히 넓은 분야에 걸쳐 있었으며, 그 내용도 대부분 기존 중국 문화에서는 찾아볼 수 없는 것들이었다.

2. 번역과 계몽

중국 문화가 학술, 사상, 사회 영역에서 외래문화에 의해 질적인 변화를 맞게 된 계기를 꼽아 본다면 인도 불교의 전래와 서학(西學)의 수입을 들 수 있을 것이다. 그런데 공교롭게도 두 계기는 문헌의 번역과 밀접한 관련이 있다. '격의(格義)' 방식을 통한 불전(佛典)의 번역은 불교가 유교의 나라 중국을 '정복'하는 데 큰 영향을 미쳤으며, 서학 서적의 번역은 중국 바깥에도 학술과 사상, 제도 등의 측면에서 중국을 능가하는 수많은 나라[萬國]가 존재한다는 것을 알려 줌으로써 중국이 근대적 사회로 나아가는 데 결정적인 영향을 미쳤다. 근대 중국인들은 해외 유학(留學)이나 시찰, 선교사들의 활동 등을 통해 세계를 인식하기 시작했지만, 서학 서적의 번역만큼 그 영향력이 광범위하고 지속적인 것은 없었다. 서학 번역은 규모와 깊이, 방식의 측면에서 이전의 번역이나 다른 활동을 능가했기 때문에 '번역이 중국의 근대를 만들었다'고 해도 지나친 말이 아닐 것이다. 서학 자체가 가진 파괴력에 더해 원작을 중국 상황에 맞도록 편역하고 번안하는 독특한 방식으로 인해 근대 시기 번역 작품은 원저작보다

파급력이 클 수밖에 없었다. 특히 아편전쟁과 청일전쟁의 참패를 경험한 지식인들은 새로운 가치관과 지식 체계를 습득하고 신세계를 실현할 방법을 찾기 위해 서학에 주목했다. 구망(救亡)과 계몽을 위해서는 서학을 알아야 하고, 서학을 알기 위해서는 번역이 절대적으로 필요했다.

중국의 근대 번역사를 말하면서 빼놓을 수 없는 인물이 바로 옌푸이다. 앞서 언급한 대로 그는 적지 않은 서양 명저를 번역했으며, 군(群, society), 계학(計學, economics), 현학(玄學, metaphysics), 모재(母財, capital), 천연(天演, evolution), 명학(名學, logic), 내주(內籀, induction), 외주(外籀, deduction) 등 480여 개의 번역어도 만들었다. 또한, 그가 제시한 좋은 번역의 세 가지 조건인 신(信, 원문에 대한 신뢰성), 달(達, 문장의 유창함과 자연스러움), 아(雅, 우아한 문체)는 오늘날까지도 번역에 종사하는 사람들이 금과옥조처럼 여기는 번역 원칙이 되었다. 옌푸가 번역한 책들은 근대 중국 사회에 큰 반향을 불러왔다. 그가 번역한 책에는 번역자의 견해를 적은 '안어(案語)'가 적지 않은데, 이를 통해 옌푸의 생각을 읽을 수 있다. 여러 권의 번역서 가운데 옌푸의 사상을 잘 드러내 주고 있는 『법의』, 『원부』, 『군학이언』, 『목륵명학』의 내용을 간략히 살펴보도록 하겠다.

『법의』는 18세기 프랑스의 저명한 부르주아 정치 사상가인 몽테스키외의 대표작이다. 책에서는 법률의 정의, 법률과 정치 체제와의 관계, 정치 체제의 종류와 원칙, 정치 자유와 분권 학설 등을 다루고 있는데, 책의 내용 가운데 당시 중국 사회에 가장 파급력이 컸던 것은 '삼권분립' 학설이다. 몽테스키외는 "권력을 잡은 사람이라면 누구라도 쉽게 권력을 남용하게 된다"면서 "권력 남용을 방지하기 위해서는 반드시 권력으로 권력을 구속해야" 하며 이를 위해 권력을 입법권, 행정권, 그리고 사법권으로 나눠야 한다고 주장했다. 입법·행정·사법의 삼권분립이 이루어져야만 왕권이 과도하게 커지는 것을 막을 수 있고 인민의 정치 자유를 보장할 수 있기 때문이다. 옌푸도 이런 의견에 대해 동의하며 이렇게 말했다.

> 헌권(憲權, 즉 입법권)과 정권(政權, 즉 행정권)을 한 명의 군주나 관리에게 집중시키게 되면 국민들은 자유를 잃게 된다. … 두 가지 권한을 모두 장악하게 되면 법령이 복잡하고 가혹해질 뿐만 아니라 권력 남용의 우려가 생긴다. … 또한, 나라의 형권(刑權, 즉 사법권)이 헌권, 정권과 분립되지 않고 하나로 합쳐진 나라는 자유를 잃게 된다. 형권을 헌권과 합치게 되면 시비를 판정하는 자가 법령까지 논의하게 되니 시비가 섞이고 국민의 목숨이 위태로워진다. 또 형권과 정권이 합하여지면 법령을 집행하는 사람이 시비를 판단하게 되니 심의하고 판결하는 사람이 권력을 남용하게 되어 억울한 옥살이가 늘어날 것이다.[4]

옌푸는 삼권분립이 시행되어야만 근본적으로 인민의 정치 자유가 보장될 수 있고 통치자의 권력 남용을 방지할 수 있다고 생각했다. 그는 몽테스키외의 주장이 "핵심을 건드렸으며 중국이 발전하지 못하는 이유를 잘 보여 주었으니, 학자들은 반드시 이 점을 유의해야 한다"고 했다. 그

---

4 嚴復, 「法意」, 『嚴復全集』 第4卷, 福州: 福建教育出版社, 2014, 179.

렇지만『법의』의 학설은 봉건 군주제 및 청조의 전제정치와 융합될 가능성이 전혀 없었다. 따라서 청일전쟁 패배 후 위기의식이 날로 팽배해져 가고 있던 중국 사회에 소개된『법의』의 사상은 의화단 운동 이래 계속해서 부패해 가던 만청(滿淸) 정부에 대한 강한 비판의식을 기초로 반청운동(反淸運動)을 촉발시키는 계기가 되었다. 중국인들은『법의』를 통해 비교적 명확하게 서구의 민주 정치사상에 관해 이해하게 되었으며, 사회를 개혁할 새로운 사상적 무기를 얻게 되었다.

『법의』가 서구 민주 사상을 소개해 정치제도 영역에서 큰 반향을 일으켰다면,『원부』는 중국이 부유해지기 위해 무엇을 개혁해야 하는지 제시하고 있다. 자본주의 경제학의 고전으로 일컬어지는 이 책은 영국 경제학자 애덤 스미스의 대표작으로 책에서는 노동 분업에서 시작해 통용화폐, 상품 가격, 노동 자본, 주식 이윤, 토지 임대 및 금은(金銀) 가치의 근원에 대해 고찰하고 있으며, 유럽의 경제 발전 상황과 상업 정책, 식민주의 정책을 비판적으로 분석했다. 19세기 영국의 경제 개혁은 애덤 스미스의 경제사상 때문에 성공했다 해도 과언이 아니며, 그의 사상은 20세기 이후 세계 각국의 경제 이론에 광범위한 영향을 미쳤다. 옌푸는『원부』에 대해 다음과 같이 평가했다.

> (이 책은 매우) 중요한 저작으로 시무(時務)에 뜻을 두고 경제를 중시하는 사람이라면 반드시 읽어야 한다. 책은 이재(理財), 법례(法例), 그리고 재부(財富) 상황에 대한 획기적인 사상을 담고 있을 뿐만 아니라, 은행과 화폐, 농공상 정책 등에 대해 서양식 해법을 제시하고 논증하였다. 또

한, 유럽과 아시아가 통상을 시작한 이래 진행되었던 모든 상무(商務) 상황에 대해 고찰하고 있으니 앞으로 학자들은 이 책을 귀감으로 삼아야 한다.[5]

근대 시기 저명 문필가 쑨바오쉬안도 『원부』를 언급하며 "부국의 길은 물산(物産)의 유통에 있으며 이를 위해서는 철도가 필요하다"면서 "서양에서 민권이 나날이 신장하는 까닭은 바로 농업과 상업이 발전했기 때문"(孫寶瑄 1983, 350, 357)이라고 분석했다. 경제가 발전하는 데 필요한 복합적 요인과 경제 발전을 위해 국가가 해야 할 역할을 자유주의적 시각에서 고찰하고 있는 이 책은, 중국이 부강한 나라가 되기 위해 유의해야 할 점을 제시하고 있다는 점에서 의미가 크다.

옌푸는 1902년 허버트 스펜서의 『사회학연구』를 번역해 이듬해 『군학이언(群學肄言)』이라는 제목으로 상해 문명편역서국(文明編譯書局)에서 출판했다. 옌푸가 스펜서의 저작에 주목한 이유는 사회를 해석하는 그의 이론이 탁월하기 때문이기도 하지만, 무엇보다 구체적인 사회 개조 방안을 제시하고 있기 때문이다. 영국과 같은 부강한 국가를 염원하던 옌푸에게 스펜서의 학설은 매우 중요하게 여겨졌을 것이다. 옌푸는 스펜서의 『사회학연구』가 "『대학(大學)』과 『중용(中庸)』의 정수를 상세하게 설명하고 있을 뿐만 아니라, 격치성정(格致誠正)으로 치평(治平)의 근본을 삼고"[6] 있으므

---

5 嚴復, 「嚴復致張元濟」, 『嚴復集』 第3冊, 北京: 中華書局, 1986, 525~551.
6 嚴復, 「群學肄言·譯餘贅語」, 『嚴復全集』 第3卷, 福州: 福建敎育出版社, 2014, 10.

로 번역의 가치가 크다고 말했다. 그렇다면 그는 책의 어떤 점이 『대학』,
『중용』과 상응한다고 생각한 것일까? 첫째, 스펜서는 과학적이고 객관적
인 방법으로 사회를 연구해야 한다고 주장했는데, 이는 '사(士)'는 반드시
문제의 분석[格物]을 통해 지식을 습득하고[窮理] 자기 몸을 잘 닦은 후 나라
를 다스린다[修身治國]는 공자의 사상에 부합한다. 다만 사회 지도층인 '사'
를 양성하는 과정에서 사회학 학습이 병행되어야 하는데, 이는 사회학
이 일종의 기초 교육에 해당하기 때문이다. 둘째, 스펜서가 말한 사회 변
천은 오랜 시간 누적되어 이루어진 결과이지 급격한 변화의 산물이 아니
다. 이런 점은 『중용』의 이론과 비슷하다. 옌푸는 혁명과 같은 급격한 변
화를 통한 사회 개조는 환상일 뿐이라는 스펜서의 관점에 동의하면서 당
시 중국의 개혁파와 보수파의 갈등을 완화할 방법으로 점변(漸變)을 제시
했다. 이는 복잡한 유기체인 사회의 진화 과정에 멋대로 간섭하거나 인
위적으로 개입하지 않아야 함을 의미하는 것이다. 점진적 변화나 개량만
이 사회 개혁의 유일한 방법이라는 옌푸의 생각은 혁명파의 반만(反滿) 활
동에 반대하고 입헌파의 '변법유신'에 동조한 그의 입장을 잘 드러내 주
고 있다.

옌푸가 관심 있게 소개했던 서양 학문 가운데 또 하나 주목할 만한 분
야는 논리학이다. 그는 밀(John S. Mill)의 『논리학 체계(*System of Logic*)』와 제
번스(William S. Jevons)의 『논리학 입문』을 『목록명학』과 『명학천설』이라는
제목으로 번역하면서 논리학을 모든 학문이 반드시 거쳐야 하는 통로이
자 학문의 방법과 절차, 태도를 익히게 해주는 기초 학문으로 소개했다.
그는 중국의 학문 방법이 서양에 비해 덜 상세하고 불분명한 원인이 논

리학의 유무에 있다고 보았다. 옌푸는 줄곧 과학의 중요성을 강조했는데, 논리학은 과학이 발전하기 위해서도 필수 불가결한 것이다. 그는 서양 과학을 평가하며 이렇게 말했다.

하나의 이치를 밝히거나 하나의 방법을 도출할 때는 반드시 모든 사물이 다 그러한지 검증한 후 진행하니 그렇게 얻어진 이치나 방법은 쉽게 바뀌지 않는다. 최대한 많은 사례를 검증하니 광범위하다 하겠고, 효용성이 오래 지속되니 유구(悠久)하다 하겠다. 또한, 궁극적으로 하나로 관통시켜 모든 것을 통하게 만드니 고명(高明)하다고 할 수 있다.[7]

옌푸는 서양 근대 과학혁명이 일어나는 데 귀납법이 큰 공헌을 했다고 보았지만, 연역[外籀]과 귀납[內籀]을 결합하는 것이 이상적이라고 주장했다. 그렇게 되어야 과학적인 '인증(印證)'을 통해 진위를 판단할 수 있게 되므로 귀납적 실험과 연역적 추론은 반드시 과학적 논증과 서로 결합되어 실행되어야 한다는 것이다. "이 학문을 나집(邏輯, logic의 음역)이라고 하는 까닭은 베이컨의 말처럼 이것이 최고의 방법이고 최상의 학문이며 본질이 훌륭하고 쓰임이 광범위하기 때문이다."[8] 옌푸는 서양 학문이 자연에 대한 비밀을 밝히고 세계에 대한 상세하고 확실하며 유용한 지식을 제공해 줄 수 있는 까닭이 귀납과 연역을 아우르는 논리학에 있다고 보고 중

7 嚴複, 「救亡決論」, 『嚴複集』 第3冊, 北京: 中華書局, 1986, 45.
8 嚴複, 「穆勒名學」, 『嚴復全集』 第5卷, 福州: 福建教育出版社, 2014, 14.

국 학문이 발전하려면 반드시 논리학을 배워야 한다고 주장한 것이다.

이상에서 살펴본 것처럼 옌푸는 서양 명저 번역을 통해 당시 중국이 갖춰야 할 것을 제시함과 동시에 서양 문화와 사상을 근본부터 수용해야 한다고 역설했다. 정치제도, 경제 체제, 사회 변화, 학문 방법 등 광범위한 분야에서 서구를 배워야 한다는 옌푸의 주장은 중국이 부강하기 위해서는 '중체서용'의 진부한 논리에서 벗어나 '서체서용(西體西用)'의 합리적 입장을 갖춰야 한다는 것을 시사하고 있다.

3. 『천연론』과 공리적 세계관

옌푸는 민족 존망의 기로에서 사람들의 자각이 가장 중요하다고 생각했다. 그렇지만, 전통 사상 가운데 일부 관념은 여전히 사람들의 사고를 속박하고 있었다. 이런 상황에서는 아무리 유용한 서양 학문과 지식을 중국에 소개한다 해도 제대로 효용을 발휘하기는 힘들다. 옌푸가 생각하기에 전통 관념 가운데 가장 권위 있고 영향력이 큰 것은 '천도(天道)'였다. 따라서 그는 '천도'에 대한 새로운 해석을 시도했다.

전통 유교에서는 '하늘[天]'을 우주의 최고 주재로 여긴다. 사람과 만물은 모두 하늘의 규율을 따라야 하며, 이로부터 세계 본원과 윤리 원칙에 관한 기본 이론, 즉 '천도관'이 나오게 되었다. 유교의 천도관은 '천'을 근거로 해서 음양오행과 윤리강상(倫理綱常)이라는 원리를 통해 자연과 사회를 해석하고 규정하는 학설이다. 아울러 자연(自然)보다 명교(名敎)를 중시하는 특징이 있어 일종의 도덕 중심주의적 경향을 보인다. 사람은 격물치지(格物致知)의 공부를 통해 천리를 알고 나서야 비로소 성의(誠意)를 다하여 도덕을 완성할 수 있다. 도덕을 완성해야만 하늘의 뜻에 부합하고 자연과 사회의 조화를 이룰 수 있기 때문이다. 도덕의 부재와 윤리강상의 혼란은 재난 발생의 근원이며, 자연과 사회의 부조화도 여기서 비롯한다. 그러므로 변하지 않는 '하늘'의 뜻을 파악하고 그 길을 따르는 것이야말로 재난을 피하고 안분(安分)할 수 있는 유일한 길이었다. 이처럼 '하늘은 변하지 않고, 도 역시도 변하지 않는다[天不變, 道亦不變]'라는 관념은 오랜 시간 중국인의 사고를 지배해 왔으며, 이로 인해 현실 세계의 재난은 '천'이나 '도'의 파탄이 아니라 사람들이 '도'를 망각하거나 도외시했기 때문이라는 논리가 성립했다.

옌푸는 이런 전통적인 '천도관'에 대해 비판적인 태도를 보였다. 그는 먼저 '천'과 '도'를 구분하고 "세상에 영원불변하는 도(道)는 있을지 몰라도 백 년 동안 변하지 않는 법(法)은 없다"[9]고 말했다. 여기서 '법'은 하늘의 '이법(理法)'을 말한다. '법'은 잠시도 변하지 않는 때가 없지만, 아무 때나 변하는 것은 아니다. '법'은 '천'이 변함에 따라 함께 변한다. 그렇다면, '천'은 무엇인가? 옌푸는 '천'이란 "자연의 기틀이요, 반드시 이르게 되는 형세[自然之機, 必至之勢]"라면서 "하늘에 순종하는 자는 살고, 하늘을 거스르는 자는 망한다"[10]고 하였다. 나아가 그는 전통철학에서 말하는 절대선

---

9 嚴復, 「擬上皇帝書」, 『嚴復集』 第1冊, 北京: 中華書局, 1986, 63.
10 嚴復, 「原富·按語·八十」, 『嚴復集』 第4冊, 北京: 中華書局, 1986, 896.

(絶對善)으로서의 '천리'보다 "정연하여 혼란되지 않고 조리가 있어 흐트러지지 않는 자연의 법칙"인 '공리(公理)'가 훨씬 객관적이며 보편적이라고 생각하고 '천리'에 '공리'의 의미를 부여했다. 세상에는 인간사의 이치[人事之理]와 자연계의 이치[自然之理]가 있는데, 전자가 어느 정도의 상대성과 주관성을 가지고 있는 데 반해, 후자는 객관적이고 절대적이어서 주관을 용납하지 않기 때문이다. 다시 말하자면, 자연계의 이치는 '그러한가 그렇지 않은가'라는 '사실'에 주목하지만, 인간사의 이치는 '그래야 하는가 그렇지 않아야 하는가'라는 '가치'에 주목한다. 인간사의 이치는 자연계의 사물들처럼 절대성을 가질 수 없고 상대성만 갖기 때문에, 주관(主觀)에 얽매인 채로 사물 자체에서 객관적 타당성을 추구하는 것은 절대로 불가능한 것이다. 이렇게 되면 윤리는 영원불변의 절대적 실재가 아니라 인류가 자신을 위해 제정한 준칙이 되며, 인류 존재의 근거가 아니라 인류가 자아 완성과 자아 행복을 추구하는 수단이 되는 것이다. 이처럼 옌푸가 '천'의 '공리'적 의미를 강조한 까닭은 '천'이 변하지 않는다면 현실 세계의 변혁이 불가능하다고 생각했기 때문이다.

중국 근대 시기에 변법을 추구하는 지식인들은 '공리'에 대한 강한 믿음을 갖고 있었다. 그들은 '리(理)'를 하늘이 규정한 절대적 이치가 아니라 사물이 공통으로 갖추고 있는 속성이자 객관 규율로 이해하였다. 량치차오는 "두 개 이상의 현상이 항상 의지해 떨어지지 않는 것을 일컬어 리라 한다"[11]며 '리'를 사물 운동 변화 과정 중의 필연적 관계로 풀이했다. 여

---

11 梁啓超, 「近世文明初祖二大家之學說」, 『梁啓超全集』 第2集, 北京: 中國人民大學出版社, 2018, 472.

기서 말하는 "항상 의지해 떨어지지 않는 것[常相依而不可離]"은 인과 관계를 의미한다. 그는 사물의 발전에는 필연성과 우연성이 있는데 모든 현상에 필연적 관계가 있는 것은 아니지만 인과 관계야말로 사물의 이치[理]라고 주장하기도 했다. 인과 관계만으로 '리'를 해석하는 것은 지나치게 협소한 감이 있지만, '천리 세계관'이 점차 '공리 세계관'에 의해 대체되어 가는 과정을 보여 주는 하나의 예시라 할 수 있다.

중국의 학자 왕후이[汪暉]는 『현대 중국사상의 흥기(現代中國思想的興起)』에서 '천리 세계관'과 '공리 세계관'에 대해 다음과 같이 정리했다.

> 천리 세계관이 일상생활 지식, 우주론과 지식론 건립과 예의 제도의 실천을 이용해 불교와 도교의 지배적 영향에 대항하고 무너뜨린 것과 마찬가지로, 공리 세계관도 자신만의 우주론, 역사관과 방법론을 통해, 아울러 상식에 기대어 천리 세계관의 지배적 지위에 도전했다. … 첫째, 공리 세계관은 천리 세계관의 역사관을 역전시켜 과거가 아닌 미래를 이상 정치와 도덕 실현의 근원으로 보았다. 이러한 역전을 통해 유학 세계관 내부에 담겨 있는 역사 중단 혹은 단절 의식과 여기서 유래한 도통 의식이 와해되었으며, 그것은 역사 연속과 무한 진화 관념, 그리고 거기서 나온 과거와의 결별 의지로 대체되었다. … 둘째, 공리 세계관은 일종의 직선적이고 미래 지향적인 시간 개념으로 천리 세계관의 시세(時勢) 혹은 이세(理勢) 개념을 대체했다. … 직선적이고 미래 지향적인 시간관은 일종의 목적론적 틀을 제공해 주었으며 일상생활 세계의 변화와 전환, 발전을 전부 목적론적 궤도 안에 집어넣었

다. 셋째, 공리 세계관은 원자론의 방식으로 '사실' 범주를 구성하고 이 것으로 천리 세계관의 형이상학적 예설(豫設)에 충격을 주었다. 아울러 사실적 논리와 자연적 법칙에 따라 윤리와 정치적 근거를 만들어 내고 자 했다. 원자론식의 사실 개념이 최종 확립되자 사실적 논리나 자연 적 법칙에 대한 어떠한 반항도 반드시 사실과 가치의 이원론을 전제로 인정할 수밖에 없게 되었다.

— 汪暉 2004, 48

왕후이는 공리 세계관이 곧 과학적 세계관이라면서 공리는 근대 자연 과학 기초 위에서 도출되었기 때문에 직관과 사변의 산물인 천리와 그 의미가 완전히 다르다고 말했다. 아울러 천리 가운데에서 인간은 수동적 존재인 데 반해, 공리 가운데에서 인간은 능동적 주체일 수 있기 때문에 개혁론에 이론적 근거로 작용할 수 있다는 것이다.

중국 근대 시기에 '천'에 대한 생각이 변화하는 데 있어 옌푸가 미 친 결정적인 공헌은 『천연론』의 번역을 통해 진화론을 전파한 일이다. 『천연론』은 영국의 사상가 토머스 헉슬리가 1894년 출간한 『진화와 윤 리(Evolution and Ethics And Other Essays)』 가운데 "Evolution and Ethics-The Romanes Lecture"(1893)와 "Evolution and Ethics-Prolegomena"(1894)의 두 편 을 골라 동성파(桐城派) 고문체(古文體)로 번역한 것이다. 그가 난해하기로 이름난 동성파 고문체로 번역한 이유는 일반 백성들보다 사대부와 지 식인이 책을 읽어야 개혁을 추진하는 데 힘이 실릴 수 있을 것이라는 생 각에서였다. 그는 자신이 알고 있는 서양 지식을 최대한 활용해 번역하고 해설을 덧붙였으며, 중국의 상황에 맞추기 위해 직역보다 의역 방식을 사용했다. 이런 옌푸의 전략은 주효했다. 『천연론』은 1898년 6월, 후베이성[湖北省]의 신시기재(愼始基齋)에서 공식적으로 간행된 후 엄청난 인기를 끌어서 상무인서관본의 경우 옌푸 생전에 20쇄, 사후인 1927년까지 24쇄가 간행되었다.

역사적으로 서구 사상 가운데 다윈의 진화론만큼 혁명적인 이론은 없다. 그렇지만 흥미롭게도 옌푸가 번역한 것은 다윈의 생물 진화론 저작인 『종의 기원』(1859)이 아니라 사회진화론자인 헉슬리의 『진화와 윤리』였다. 물론 사회진화론도 다윈 진화론에서 나왔기 때문에 기본적인 이론은 크게 다르지 않다. 다윈 진화론의 기본 관점은 다음과 같이 요약할 수 있다. 세상에 변하지 않는 것은 없으며 생물 역시 진화한다. 진화의 원인은 '물경(物競)'과 '천택(天擇)'이다. '물경'이란 '생존경쟁'이며 '물쟁자존(物爭自存, 생물이 생존을 위해 다투는 것)'을 뜻하며, '천택'이란 자연선택(자연도태)을 뜻한다. 즉 생물들이 서로 다툰 결과 생존과 소멸이 결정되는데, 이는 모두 자연선택의 결과이다.

다윈 진화론은 허버트 스펜서, 윌리엄 섬너(William G. Sumner), 토머스 맬서스(Thomas R. Malthus), 벤저민 키드(Benjamin Kidd) 등에 의해 사회 영역에도 적용되기 시작했다. '사회진화론'이라 불리는 이 이론은 인간 사회의 운동 방식이 자연 세계와 같다고 보고, 인간 사회도 생물의 발전 법칙과 마찬가지로 생존경쟁과 자연선택을 통해 더 나은 사회로 진화할 수 있다고 보았다. 한발 더 나아가 사회진화론의 대표 사상가 허버트 스펜서는 생존경쟁과 자연선택을 통해 우수한 경쟁자가 약자를 제치고 살아

남는 것이 자연의 원리이기 때문에 경쟁으로 인한 사회 불평등은 필연적이라고 주장했다. 따라서 불평등을 해결하기 위한 국가의 구제정책이나 복지정책도 자연법칙에 어긋나며 국가의 역할을 최소화함으로써 경쟁의 자유를 해쳐서는 안 된다는 것이다.

옌푸는 스펜서의 사회진화론을 소개했지만, 그 이론이 중국의 실정과 맞지 않는다고 생각했다. 영국과 중국은 경제 수준뿐만 아니라, 정치 체제가 다르며 국민의 교육 수준 또한 같지 않기 때문에 사회진화론을 중국 사회에 그대로 적용할 수는 없다. 따라서 옌푸는 헉슬리의 관점으로 눈을 돌렸다. 헉슬리는 다윈의 『종의 기원』이 출판된 이후에 전개된 진화론 논쟁에서 다윈 옹호에 앞장섰기 때문에 '다윈의 불독'으로 불리던 열렬한 투사였다. 그렇지만 스펜서 식의 사회진화론에는 동의하지 않았다. 그는 인류 사회의 윤리적 관계는 자연법칙 및 생명의 과정과 다르다고 생각했다. 우승열패(優勝劣敗), 약육강식(弱肉強食), 경쟁진화(競爭進化), 적자생존(適者生存) 등 생물 진화의 법칙은 단지 자연계에만 적용될 뿐 인간 사회에는 적용될 수 없다는 것이다. 자연계에는 도덕적 기준이 없는 데 반해, 인류 사회는 사회가 도의(道義)에 어긋나는 방향으로 진화하지 않도록 인간 스스로가 절제하고 통제할 수 있기 때문이다. 헉슬리는 스펜서의 관점을 비판하면서 인간의 도덕성과 능동성이 경쟁을 자제하면서 이상적인 사회를 만들 수 있다고 주장했다. 옌푸가 헉슬리의 관점을 채택한 이유는 진화론으로 중국인을 각성시켜 망국의 위기를 깨닫게 함과 동시에 윤리적 소양을 키워 서로 협조하고 도움으로써 국가를 더 나은 방향으로 이끌어 가게 되길 희망했기 때문이다.

'천연(天演)'이라는 말은 '하늘의 변화'라는 의미도 갖는다.[12] 따라서 『천연론』은 자연의 이치를 미루어 사회의 이치를 파악하는 것뿐만 아니라, '하늘은 불변한다'는 전통 가치관을 무너뜨리고 '천리'을 '공리'로 대체시키는 역할도 했다. 옌푸는 전통 도덕 법칙이 '천리'에서 온 것이라면 새롭게 정립되는 '공리'는 현실적으로 드러나는 행위의 도덕 원칙과 규범에 근거해야 한다고 생각했다. 옌푸가 생각할 때, 변화의 원리를 깨달아 부강한 나라를 만들기 위해서 중국에 가장 필요한 '공리'는 '자유'이다. 그는 '자유'야말로 "사람이라면 말미암을 수밖에 없는 공리"[13]로 만약 이것을 침범하게 되면 "천리를 거스르고 인도를 범하게 되는 것"[14]이라 하였다. 중국은 자유가 없었기 때문에 부강하지 못했고, 서양은 백성들이 자유를 누렸기 때문에 부강할 수 있었다. 그는 「강함에 대하여(原强)」에서 이렇게 말했다.

자유평등이라는 측면에서 보자면 싫은 것은 피하고, 힘든 것은 버리며, 막힌 것은 뚫고, 사람마다 자기 뜻대로 행할 수 있고, 자신의 주장을 펼 수 있다. 위아래가 큰 차등이 없어 군주라고 심히 존숭받거나 백

---

12 嚴復「《群學肄言》案語」,『嚴復集』第4冊, 北京: 中華書局, 1896, 921. 옌푸는 중국에서 말하는 '천' 자에 세 가지 의미가 있다고 말했다. 첫째는 신의 섭리, 둘째는 푸른 하늘, 셋째는 사람이 감각으로 파악할 수는 없지만 그렇게 이루어지는 인과의 과정이 그것이다. '천연'에서 '천'은 세 번째 의미라고 말했지만, 받아들이는 입장에서는 의미의 혼동과 간섭이 있을 수밖에 없었을 것이며 이는 전통 '천' 개념의 권위를 깨뜨리는 데 일조했을 것이다.
13 嚴復,「論敎育與國家之關系」,『嚴復集』第1冊, 北京: 中華書局, 1986, 166.
14 嚴復,「論世變之亟」,『嚴復集』第1冊, 北京: 中華書局, 1986, 3.

성이라고 심히 천시받지 않는다. … 그들은 자유를 몸체[體]로 삼고, 민주를 쓰임[用]으로 삼기 때문이다.[15]

옌푸는 "부강을 이루기 위한 정치는 반드시 백성이 자리(自利)하고 자유(自由)롭고 자치(自治)할 수 있도록 하는 것으로부터 시작해야 한다"[16]고 역설했지만, 그렇게 되기 위해서는 전제 조건이 있다. 그것은 개인의 자유를 보장해 주기 전에 그것을 제대로 누릴 수 있는 조건을 만드는 것이다. 당시 중국은 외적으로는 서구 열강들의 침략에 시달리고 있었고, 내적으로는 수천 년 동안 이어져 온 봉건 전제정치의 속박으로 제대로 된 자유와 권리를 경험해 볼 수조차 없었다. 따라서 우선 개인의 힘과 지혜, 덕을 키워 계몽과 각성을 이루고, 그 힘을 하나로 모아 안팎을 둘러싸고 있는 속박과 굴레를 타파한 후에 개인의 자유와 평등을 추구해야 한다는 것이다. 다시 말하자면, 옌푸는 원칙적으로는 개인의 자유를 보장하는 것이 중요하다고 보았지만, 제국주의 국가들이 세력을 확장해 가는 현실 앞에서 개인의 자유보다 민족의 자유, 국가의 자유를 쟁취하는 것이 더 시급하다고 본 것이다. 따라서 옌푸는 '병부(病夫)의 상태에서 벗어나 정신과 육체의 힘 증진'하는 '고민력(鼓民力)', '서학을 배우고 과거제도를 철폐하여 실제적인 학문을 장려'하는 '개민지(開民智)', '봉건적 삼강오륜의 노예 상태에서 벗어나 협동·단결하여 자기 손으로 지도자를 선출'하는

---

15 嚴復,「原强」,『嚴復集』第1冊, 北京: 中華書局, 1986, 11.
16 위의 책, 14.

'신민덕(新民德)'의 배양을 통한 계몽과 각성을 촉구한 것이다.

이처럼 서구에서 자본가의 이익을 옹호하고 강한 자의 권리와 가진 자의 자유를 강조하던 사회진화론은 망국의 위기에 처한 중국에 들어와서는 자강과 계몽을 고취하는 구망(救亡)의 담론으로 변화하였다. 협력과 자각, 도덕과 윤리를 강조한 점은 중국적 특색을 보여 주지만, 개인의 자유와 권리에 대한 유보는 또 다른 문제를 야기할 수도 있는 잠재적 요인이 되었다.

4. 이상과 현실

전통 중국철학에서 '천(하늘)'은 절대불변의 고귀한 존재였다. 황제를 '천자(天子, 하늘의 아들)'라 부르고, '하늘의 도는 변하지 않는다'고 한 데에서도 알 수 있듯이 '천'은 거슬러서는 안 되는 절대 권력 그 자체였다. 사람들은 '천'이 변하지 않기 때문에 인간의 도리(윤리강상) 또한 변하지 않는다고 생각했다. 그렇지만, 옌푸는 수천 년간 이어져 온 하늘의 절대적 권위를 '하늘은 변화한다[天演]'라는 말로 무너뜨려 버린다. 이는 서양에서 니체가 '신은 죽었다'고 선언한 것에 비견될 만한 일이다. 옌푸는 자연과 사회를 포함한 세계는 끊임없이 변화하고 있으며, 그 변화는 '물경'과 '천택'에 의해 이루어진다고 보았다. 앞서 말했듯이, 옌푸가 말한 '천'은 전통 사회에서 받들어 온 '천'과 같은 것이 아니다. 전통철학에서의 '천'은 천지 만물을 '낳고 낳는[生生]' 인(仁)한 존재이지만, 옌푸가 말한 '천'은 약육강식과 생존경쟁이 펼쳐지는 불인(不仁)의 장이다. 이러한 '천'은 전통철학에서의 '천'과는 달리 이성과 과학의 힘으로 그 원리를 얼마든지 파악할 수 있다. 옌푸는 '사람은 하늘을 극복할 수 있다'는 '인정승천(人定勝天)'의 관점에서 하늘을 새롭게 해석한 것이다.

하지만 시간이 지나면서 옌푸는 경험 세계와 본체 세계를 구분하고, 본체 세계에 대해서는 인간의 능력으로 알 수 없다는 태도를 보인다. 그는 "대저 우주의 원인과 본원은 불가사의(不可思議)"하다면서 '불가사의'라는 것은 개념과 논리로 증명할 수 없다는 것을 의미한다고 말했다. 즉 경험 세계는 인간의 감각과 인식능력으로 알 수 있는 영역이지만, 본체 세계는 인간의 경험과 인식능력을 초월해 있는 불가지의 영역이라는 것이다. 그는 이렇게 말했다.

> 인생을 살면서 우리는 과학적으로 설명되지 않는 수많은 일들을 만나게 된다. 그때 사람들은 기이한 현상에 관심을 기울이기보다는 무조건 거부해 버리곤 한다. 미신에서 반드시 그렇다고 말하는 것과 미신을 믿지 않는 사람들이 그렇지 않다고 말하는 것 모두 증거가 없는 것이다. 따라서 헉슬리와 스펜서와 같은 대철학자들은 이것을 'Unknowable'라고 불렀으며, 또한 'Agnostic'이라는 말을 만들어서 지칭했다. 인생의 지식이란 이처럼 무궁무진해서 부득이하게 논의하지 않고 그냥 두는 경우가 있는데 이것은 서로의 마음이 편하기 위함일 뿐이다.[17]

옌푸는 사람들이 '불가사의' 속에서 인생의 고통에 대한 안위를 얻을 수 있다고 보았다. 객관 세계가 얼마나 발전하던지 '불가지'는 생로병사의 굴레 속에서 살아가는 사람들에게 마음과 영혼의 안식처가 되어 줄 수 있다. 이것은 스펜서가 '불가지'가 종교의 원천이라고 본 것과 흡사하다. 옌푸의 이러한 태도는 맹목적이거나 미신적이라고 볼 수 없다. 그는 '불가지'한 것이라도 과학과 밀접한 관계를 맺고 있어서 과학적 태도로 연구해야 한다고 주장했기 때문이다. 그렇지만 이런 주장은 초기의 입장과 다른 것이다. 그는 근대 시기 '과학주의'의 선구로 불릴 정도로 적극적으로 과학을 선전하고 과학 방법을 강조했다. 그에게 과학은 중국인에게 절실히 필요한 이념이자 방법이고, 중국을 부강하게 해 줄 무기였다. 그렇지만 그가 바라는 대로 사회는 흘러가지 않았고, 혁명의 방식으로 새로운 국가가 만들어지자 점차 현실과 거리를 두게 되었다. 이런 태도는 그의 사상에도 영향을 주었다. 그는 이성과 과학의 역할에 한계가 있다고 생각했으며, 과학 법칙에 어긋난다고 해도 무조건 허망한 것으로 치부하지 않았다. 반대로 역시 아직 증명되지 않은 사실이거나 원인이 불분명한 것이라 해서 무조건 믿지도 않았다. 그가 환갑이 다 된 시기에 쓴 「천연진화론(天演進化論)」(1913)에는 다음과 같은 글이 나온다.

종교와 학술, 이 두 가지는 반드시 서로 충돌한다. 비록 학술이 날로 흥성함에 따라 미신의 위력이 날이 갈수록 약해지지만, 종교는 여전히

---

17 嚴復, 「與諸兒書·三」, 『嚴復集』 第3冊, 北京: 中華書局, 1986, 825.

꼼짝도 안 한다. 종교는 인도와 늘 함께해 왔다. 학술이 얼마나 진보한 다고 하더라도 세상에는 반드시 불가지 한 것이 존재한다. 불가지 한 것이 존재하는 한 종교는 끝까지 사라지지 않을 것이다. 학술의 능력 이 한계에 도달한 곳에서 종교는 일어나게 된다.[18]

옌푸는 유한한 이성의 적용 범위를 엄격하게 제한해서 육합(六合) 밖에 있는 것에 대해서는 '존이부론(存而不論)'해야 한다고 말했다. 수많은 현상 이 발생하는 광활한 세계에서 과학으로 해결할 수 없는 일들은 차고 넘 친다. "어찌 과학 법칙에 맞지 않는다고 해서 모두 다 거짓이라고 할 수 있겠는가?"[19] 그가 만년에 심령학회[靈學會]에 뜻을 두고 《영학총지(靈學叢 誌)》 등에 글을 투고한 것도 이런 그의 입장과 관련이 있다.

옌푸는 서양의 과학 사상과 논리 분석법의 영향을 받아 전통 '천'을 비 판할 수밖에 없었지만, 이런 생각은 인간 인식능력의 한계에 대한 자각 과 이상과 현실의 괴리로 인해 철저하게 견지되지 못했다. 그가 불가사 의한 형이상학적 명제도 의미 있는 것이라고 주장한 것은 중국에서 크게 유행하던 실증주의 사조에 대한 반발일 수도 있다. 논리 실증주의는 형 이상학 명제가 아무런 의의도 없다고 주장하여 증명 가능한 것만 진리의 검토 대상으로 삼았다. 옌푸는 절대 존재로서의 '도'는 인간의 인식능력 으로 파악할 수 없으므로 '직각(直覺)' 혹은 '직관(直觀)'이 중요하다고 보았

---

18 嚴復, 「天演進化論」, 『嚴復集』 第2冊, 北京: 中華書局, 1986, 309.
19 嚴復, 「與兪復書」, 『嚴復集』 第3冊, 北京: 中華書局, 1986, 725.

다. 본체를 파악하는 능력인 '직각'과 '직관'은 중국 전통철학과 깊은 관련이 있는 능력이자 방법이다.

철학적인 차원에서 옌푸가 젊은 시절과 다른 입장을 갖게 된 것이 새로운 깨달음에 근거한 것인지, 전통철학으로 회귀한 것인지는 확실하지 않다. 그렇지만, 이런 모순적 태도는 전통과 근대, 동양과 서양의 진리 사이에서 배회하던 근대 중국 지식인의 복잡한 심리를 반영하고 있다. 아울러 과학과 형이상학을 둘러싼 옌푸의 고민과 갈등은 1923년 중국 학술계가 대거 참여한 '과학과 인생관 논쟁'으로 이어지게 되면서 중국 현대 철학의 성격을 규정짓게 된다.

참고자료

梁啓超,「近世文明初祖二大家之學說」,『梁啓超全集』第2集, 北京: 中國人民大學出版社, 2018.

孫寶瑄,『忘山廬日記』, 上海: 上海古籍出版社, 1983.

嚴復,『嚴復集』第1冊~第4冊, 北京: 中華書局, 1986.

___,『嚴復全集』第3卷~第5卷, 福州: 福建教育出版社, 2014.

汪暉,『現代中國思想的興起』上卷 第1部, 上海: 三聯書店, 2004.

근대 중국이 꿈꾼
무정부주의 유토피아

김현주

원광대학교 HK+ 동북아시아인문사회연구소 교수

1. 청의 몰락과 무정부주의 사조의 등장

청 말기 중국 지식인들 사이에 무정부주의가 유행했다. 그 배경에는 중국과 중국인의 아픔이 자리 잡고 있었다. 잘 알려진 바와 같이, 그 당시 중국인은 수백 년 동안 경험하지 못했던 엄청난 일들을 연이어 겪었다. 지금은 고대와 근대를 가르는 기준이 된 아편전쟁, 청나라의 절반을 휩쓸었던 태평천국운동, 청나라의 무력함을 여실히 보여 주었던 청일전쟁 등을 거치면서 청나라는 몰락의 길을 걸었다. 그리고 대내외적인 전란에서 청나라 정부가 보여 준 무능함은 지금까지 전통적으로 고수해 오던 사상과 체제에 대한 의구심을 갖게 만들었다. 물론 당연한 일이겠지만, 당시의 지식인들도 하나둘씩 서양의 사상에 관심을 갖기 시작했다. 그것이 서양의 사상이 쇠퇴해 가는 중국을 살릴 수 있는 해결책이 되지 않을까 생각했기 때문이었다. 그렇게 인기를 얻었던 서양 사상 중의 하나가 바로 무정부주의이다.

무정부주의란 국가, 법률, 정권은 물론 일체의 속박에 벗어난 이상 사회 즉 유토피아를 지향하는 근대의 사회정치 사조를 의미한다. 무정부주의자들이 꿈꾸는 유토피아(utopia)라는 개념에서 'ou'는 없다는 뜻이고, 'topos'는 장소라는 뜻이다. 그러므로 유토피아는 없는 장소라는 의미를 갖는다. 또는 'ou(없다)'는 'eu(좋다)'라는 접두어와 발음이 같은데, 그렇게 보면 유토피아는 'euopia' 즉 좋은 곳이라는 의미도 된다. 여하튼 유토피아는 많은 사람들이 꿈꾸지만, 현실에서는 존재하지 않는 곳이라는 의미인 셈이다.

이런 유토피아를 꿈꾸는 주의를 무정부주의라고 하는데, 그것은 영어로 아나키즘(anarchism)이라고 한다. 아나키즘은 그리스어 'Anarchia'에서 유래했다. 'Anarchia'는 "권력이 없고, 질서가 없는 상태"를 의미한다. 즉 무정부주의의 유토피아에서는 권력 또는 정부가 존재하지 않아야 한다는 뜻이다. 과도한 권력으로 억압받았던 유럽의 근대사회에서는 갈등과 모순으로 점철된 현실과는 대조적인 이상 사회에 대한 동경이 하나의 사조를 넘어서 운동으로 발전한 것이었다. 이렇듯 무정부주의는 근대의 산물이다.

근대 유럽의 대표적 무정부주의자로는 윌리엄 고드윈(William Godwin, 1756~1836), 막스 슈티르너(Max Stirner, 1806~1856), 피에르 푸르동(Pierre J. Proudhon, 1809~1865), 미하일 바쿠닌(Mikhail A. Bakunin, 1814~1876), 표트르 크로폿킨(Petr A. Kropotkin, 1842~1921) 등이 있다. 영국의 대표적 무정부주의자인 윌리엄 고드윈은 아나키즘의 시조라고도 여겨지는데, 그의 『정치정의론(An Enquiry Concerning Political Justice and Its Influence on General Virtue and Happiness)』(1793)은 근대 무정부주의의 성경이라고 불리기도 한다. 고드윈은 이성, 도덕, 정의감을 중시하였을 뿐만 아니라, 일체의 정부를 없애

야 한다고 주장했다. 그는 정부는 일종의 강권으로 사람들을 굴복을 시키려고 하는 존재이며, 이런 굴복은 사악한 것이라고 생각했다.

독일의 대표적 무정부주의자는 막스 슈티르너이다. 그는 『유일자와 그 소유물』(1845)에서 개인의 절대적 자유를 주장하다. 그는 "나는 조물주의 유일한 창조물", "나에게 있어서 나보다 높은 것은 아무것도 없다"(施蒂納 2008, 365)라고 주장하며 개인을 신성시한 개인적 무정부주의자이다. 프랑스의 대표적 무정부주의자는 프루동이다. 그는 『재산이란 무엇인가?』(1840), 『빈곤의 철학』(1842), 『한 혁명자의 자백』(1849), 『19세기 혁명의 총 개론』(1851) 등의 글을 썼다. 이런 글들은 한글로도 번역되어 있다. 그는 평등에 위배된 자본주의 사유제도를 반대하였지만, 그와 동시에 독립을 가로막는 공산주의 공유제도도 반대하였다. 그는 "공평을 목적으로 하여, 정의에 적합한 경제 질서와 계약으로 국가를 대체한 '무정부 호조주의'"라는 무정부 상태의 사회제도 건설을 주장(徐覺哉 1991, 93)했다.

러시아의 대표적 무정부주의자는 미하일 바쿠닌이다. 그의 사상은 '무정부집체주의'라고 부른다. 무정부집체주의는 국가는 인류 자유의 장애물이므로, 혁명을 통해 국가를 폐지하고, 생산물의 집체 소유를 실현해야 한다는 사상이다. 러셀이 "마르크스를 현대 사회주의 창시자로 보는 것처럼, 바쿠닌은 현대 무정부주의 창시자로 볼 수 있다"(羅素 1998, 32)고 하였을 정도로, 무정부주의 사상에서 아주 중요한 인물이다. 그는 1864년 「국제혁명협회의 원칙과 조직」, 「국제혁명협회의 강령」, 「국제형제회의 장정과 강령」 초안을 작성한 것으로도 알려져 있는 급진적인 무정부주의자이다. 그는 "우리에게 있어서 유일한 교조, 유일한 법률, 유일한 도덕적 기초는 자유이다"(巴枯寧 1978, 74), "파괴의 욕망은 창조의 욕망이다"(巴枯寧 1978, 78)라고 주장했다.

바쿠닌의 과격한 무정부주의와는 성격을 달리하는 러시아 무정부주의자가 또 한 사람 있다. 그는 크로폿킨이다. 크로폿킨의 무정부주의를 '무정부 공산주의'라고 부른다. 그는 무정부주의와 과학을 결합하고, 상호부조 또는 호조(mutual aid)를 인류 진화의 요소로 보았으며, 과학적 무정부주의 호조론을 수립한 인물이다. 그는 호조적 관계로 경쟁 관계를 대체해야 한다고 주장했으며, 나아가 공산주의와 무정부주의 결합을 주장하였다. 그의 사상은 『빵의 쟁취』(1892), 『상호부조론』(1902), 『혁명의 기억』(1899), 『윤리학』(1924) 등 그의 저서에서 살펴볼 수 있는데, 한때 근대 중국에서 약육강식, 우승열패 식의 진화론에 신물이 난 사람들에게 큰 인기를 누렸다.

특히 러시아의 무정부주의는 근대 중국에 많은 영향을 미쳤다. 그런데 량치차오는 1901년 「난호위민상자(難乎爲民上者)」라는 글에서 "무정부당이란, 전제국가인지 자유국가인지를 묻지 않고, 오직 그 우두머리를 살해하는 것을 임무로 삼으며, 그들의 목적은 질서를 파괴하는 데 있다"(梁啟超 1901)라고 하며, 무정부주의를 혹평했다. 그것은 근대 중국에 처음 소개된 무정부주의가 크로폿킨의 호조적 무정부주의가 아니라 바쿠닌식의 과격하고 급진적인 무정부주의였기 때문이다.

사실 중국에 무정부주의가 소개된 것은 20세기가 시작되면서부터이다. 1901년부터 1907년까지 무정부주의에 대한 소개가 크게 늘어나기 시작(李怡 2001, 21)해서, 1907년 이후 비교적 체계적으로 소개하기 시작하였다. 이 시기 잡지는 물론 책을 통해서도 무정부주의를 선전하였다. 무력하고도 또 부패한 청나라 정부의 전복을 꿈꾸었던 중국 초기의 무정부주의자들은 러시아 무정부주의의 영향을 많이 받았다. 특히 그들은 원흉인 청나라 관리들을 처단하기 위해 러시아의 무정부주의자들이 시도했던 암살 활동에 관심이 많았다. 당시의 중국 잡지들, 예를 들면 『민보』, 『소보』, 『동자세계』, 『대륙』과 같은 잡지들은 러시아 무정부주의자들의 암살 활동을 보도하여 관심을 끌었다. 그뿐만 아니라 러시아 무정부주의자들이 취했던 극단적 방식에 대해서도 긍정적인 태도를 보였다. 그들에게 암살은 혁명의 지름길로 여겨졌기 때문이다.

1902년에 마쥔우[馬君武]는 『러시아 대풍조』[영국인 토머스 커컵(Thomas Kirkup)의 저서](馬君武 1902)를 번역하여 러시아 허무당(포퓰리즘운동)의 발전사를 소개하였다[상하이 광지서국(廣智書局)에서 출판]. 1903년에는 장지(張繼)[필명 자연생(自然生)]가 상하이에서 『무정부주의』라는 책을 출판하였다. 그것은 장지가 일본 서적에서 발췌한 것이었다. 책에서 무정부주의와 무정부주의 정당의 정신, 각국 무정부주의 정당을 소개하였다. 1903년 자오비전[趙必振]이 번역하여 광지서국에서 출판한 후쿠이 준조[福井准造]의 『근세사회주의』와 『사회당』(1903)이라는 책도 출판되었는데, 그들 책에서는 프루동의 일생, 프루동의 저작, 프루동의 학설을 소개했고, 유럽 무정부주의 상황을 소개하였다.

장지의 『무정부주의』 서문에서 옌커[燕客][1]는 혁명군을 통한 방법보다 암살이 더 간단하고 빠른 방법이라고 말하였다(燕客 1984, 24). 옌커의 서문을 보면 중국 근대 무정부주의가 어떤 것을 목적으로 하는지 확실히 엿볼 수 있다. 한마디로 암살을 통한 혁명이라고 할 수 있다. 그들이 혁명을 실현하는 방법이 폭력적인 만큼 주장도 극단적이었다. "결혼한 사람은 다 죽여라"라고 하기도 하고, "공맹의 무리는 다 죽여라"(燕客 1984, 23)라고도 외치기도 했다.

1911년 청나라가 신해혁명으로 드디어 무너지는데, 그때의 상황을 반영하듯 신해혁명 이전에는 이렇듯 '폭력적' 무정부주의가 유행했다. 그렇기 때문에 신해혁명 이전에는 바쿠닌이 인기였다. 그러나 신해혁명 이후에는 나라를 전복시킬 필요가 줄어들자 크로폿킨이 인기를 얻게 되었다(馬敘倫 1984, 7). 바쿠닌도 크로폿킨도 모두 러시아인이다. 당시 러시아 무정부주의에 대해 긍정적이었다는 것을 알 수 있다. 이렇듯 러시아 무정부주의가 근대 중국의 무정부주의에 결정적 영향을 주었다.

러시아 무정부주의는 러시아 니힐리즘에서 유래했다. 니힐리즘은 한자로 '허무주의'로 번역되었다. 러시아 니힐리즘은 19세기 성행하여, 1870년대 나로드니키(Narodniki)주의로 발전하였다. 나로드니키주의는 바쿠닌으로 대표되는 폭동파, 라브로프로(Petr L. Lavrov) 대표되는 선전파, 트카초프(Petr Tkachev)로 대변되는 음모파 세 파로 나뉜다. 이 중 폭동파는 전국적인 농민운동을 주장하였고, 음모파는 개인적 암살을 선호하였다. 이들은 후에 인민의지당으로 발전하였고, 그들을 인민주의자라고 부

---

1 왕좡웨이[王壯爲]와 루쉰[魯迅]의 필명이 모두 연객이다. 시기는 일치하지만, 두 사람인지 확실하지는 않다.

른다. 오늘날의 포퓰리스트라는 말은 여기에서 유래한 것이다.

1901년부터 1902년까지 『사회주의개평』과 『근세무정부주의』에서 허무당[니콜라이 가를리로비치 체르니셉스키(Nikolaj G. Chernyshevskij, 1828~1889)이 결성한 혁명적 민주당파를 일컬음]이 당시 러시아 황제였던 알렉산드르 2세(Alexander II)를 암살하는 사건이 발생했다. 허무주의가 무정부주의와 같은 것은 아니지만, 허무당은 허무주의가 무정부주의와 같은 것이라고 주장[2]했기 때문에 이후 중국에서는 허무주의와 무정부주의는 동의어로 사용되었다. 여하튼 이후 암살에 관심을 갖는 무리가 생겨났지만, 암살 후 1달도 되지 않은 시간에 민의당 36명 집행위원회 위원 중 5명은 교수형, 1명은 정신이상, 나머지는 시베리아로 유배되었다. 1884년 민의당의 활동이 모두 정지되면서, 민의당의 테러는 결과적으로 실패하였다. 그러나 20년 후 중국에서 숭배의 대상이 되었다.

무정부주의자였던 마쉬룬[馬敘倫]은 "무정부당의 종지는 드높고, 식견은 탁월하며, 희망은 위대하다"(馬敘倫 1984, 7)고 찬양하면서, 제국주의나 민족주의가 무정부주의에 의해 사라질 것이라고 장담하기도 했다. 그리고 러시아 무정부주의를 계승하여 중국에도 암살 조직이 생겼다. 1904년 결성된 상하이암살단(광복회의 전신)은 차이위안페이[蔡元培], 천두슈[陳獨秀], 장스자오[章士釗], 류스페이[劉師培]가 결성한 것이었다. 갑진(甲辰)암살시도(章士釗 1961, 145)(1904)와 우웨[吳樾]의 '다섯 대신[五大臣]' 암살 시도(1905)는

---

2 이것은 바쿠닌 때문에 생긴 오해라고 할 수 있다. 바쿠닌은 허무주의자이면서 무정부주의자이기 때문다.

그들이 실행한 대표적 암살 사건이었다. 두 사건 모두 청나라 관료를 암살하고자 했던 사건이다. 전자는 군기대신이었던 철량(鐵良, 1863~1938)을 암살하고자 한 사건이고, 후자는 재택(載澤, 鎭國公), 대홍자(戴鴻慈, 戶部侍郎), 서세창(徐世昌, 兵部侍郎), 단방(端方, 湖南巡撫), 소영(紹英, 商部右丞) 다섯 명으로, 모두 예비 입헌을 준비하던 대신들이었는데, 이들을 암살하려고 시도한 사건이었다. 두 사건 모두 실패로 끝이 났다. 그러나 광복회 성립 후에도 암살은 시도되었다.

이후 도쿄와 파리를 중심으로 중국인이 결성한 무정부 조직이 출현했다. 그리고 무정부주의 세력은 점점 세력을 확장하여 20년대에 이르면 40여 개로 크게 늘어났다. 암살이 일어나던 당시, 문학계에서는 허무당원을 주인공으로 하는 암살소설이 대량 출현하였다. 특히 신해혁명 이전에 암살소설이 유행했다. 주로 허무주의 외국 소설의 번역이었다.[3] 그런데 신해혁명 이후 관련 저·역서는 크게 줄어들었고, 이상 사회에 대한 소설이 크게 늘어났다.

---

3 지신실주인(知新室主人, 周桂生) 번역의 『팔보함(八寶盒)』(1906), 방초관주인(芳草館主人) 번역의 독일 마합손(摩哈孫)의 『허무당진상(虛無黨眞相)』(1907), 양신이[楊心一]가 번역한 『허무당여인(虛無黨之女)』(1911)과 『허무당비행선(虛無黨飛艇)』(1911), 저우서우쥐안[周瘦鵑]이 번역한 『여허무당인(女虛無黨人)』, 리스청[李石曾]이 번역한 『야미앙(夜未央)』 등의 역서가 있으며, 창작 소설로는 영남우의(嶺南羽衣) 여사의 『동유럽 여호걸(東歐女豪傑)』과 청푸[曾樸]와 진쑹천[金松岑]의 『얼해화(孼海花)』가 있다. 번역자로 유명한 천징한의 역저에서 영향력이 큰 것도 모두 허무당 소설이었다. 주로 『허무당기화(虛無黨奇話)』, 『폭렬탄(爆裂彈)』, 『여탐정(女偵探)』, 『러시아황제(俄國皇帝)』, 『살인공사(殺人公司)』 등이다.

2. 무정부주의와 소설

번역 작품이 아닌 창작물로 무정부주의의 영향을 받은 대표적인 문학 작품으로는 작자 미상의 『인육루(人肉樓)』(1902), 차이위엔페이의 『신년몽(新年夢)』, 천징한[陳景韓]의 『여생전(餘生傳)』, 루아이밍[魯哀鳴]의 『극락지(極樂地)』(1912) 등이 있다.

『인육루』는 『신민총보(新民叢報)』 5호에 실렸던 소설이다. 주인공은 천야자(天冶子)이다. 그가 태어난 곳은 화서국(華胥國)으로, 세계에서 가장 살기 좋은 나라[極樂國]로 설정되어 있다. 천야자가 다른 나라를 여행할 때 인육루에 잡혀 죽을 뻔했던 경험을 그린 소설이다. 인육루는 곧 중국의 당시 현실을 과장되게 보여 준 것이라 할 수 있다. 『신년몽』은 한때 무정부주의자였던 차이위엔페이가 쓴 소설이다. "축하합니다! 축하합니다! 신년이 되었습니다. 신세계가 왔습니다. 정말 축하합니다! 정말 축하합니다!"라는 말과 시작하는 소설은 국가가 더 이상 존재하지 않는, 무정부주의가 실현된 새로운 세상을 그렸다.

천징한의 『여생전』은 주인공인 나라는 인물이 도적에게 납치당했다는 설정이다. 도적의 우두머리를 통해 무정부주의적 사고를 보여 준 소설이다. 도적의 우두머리에게는 전용 '데스노트[殺人譜]'가 있는데, 거기에는 "아편쟁이를 죽이자! 전족 여인을 죽이자! 50살 넘은 사람을 죽이자! 장애인을 죽이자! … 손바닥에 굳은살이 없고, 발바닥에 굳은살이 없는 자를 죽이자! …" 등등이 적혀 있다는 얘기다. 이 도적 우두머리가 갖고 있는 생각은 진화론과 러시아 포퓰리즘의 영향이라고 할 수 있다. 당시 근대 중국에 영향을 준 진화론의 원리에 따르면 우수한 자가 이기고 열등한 자는 도태한다. 그런데 도적의 우두머리가 보기에는 중국에 수많은 열등한 자들이 있고, 그들은 자연히 도태할 것인데, 자신이 도태시키는 것이 낫다고 생각한 것이다. 그리고 그는 이런 스스로의 주동적 도태만이 민족의 자립을 실현할 수 있다고 생각했다. 이것은 민족 위기의 시대에 지식인들의 민중에 대한 실망이 보편적으로 반영된 것이라고 할 수 있다.

『극락지』의 작가 루아이밍은 역사가들의 추정에 의하면 산동 사람(蔣俊 1991)으로 신해혁명에 참가한 적이 있고, 민국 초기 장캉후[江亢虎]가 조직한 중국사회당에 가입하여, 한커우(漢口)지부를 맡았던 사람으로 알려져 있다. 소설『극락지』는 "당시 사회의 불평등 현상을 비판하고, '사회주의'이상을 선전"하기 위해 쓰인 글이다. 소설의 배경은 민국 초기로 중국인들의 불만이 고조되었을 때이다. 주인공인 백안노수(白眼老叟)는 공산주의를 외치면서, 정부를 전복시키자고 주장하며 국민당 정부에 대항했으나 실패한 후에 '쾌락도'라는 곳으로 도망간다. 그곳은 한나라 초 진여(陳餘)의 후예들이 사는 곳으로, 유방이 황제가 되어 전제 통치를 시행하자 그곳으로 피신해서 무릉도원을 세운 것이라는 설정이다. 한나라의 후예들은 화폐를 없애고, 재산의 공유를 실시한 공산 무정부주의 사회를 건설했는데, 과학기술이 발달하고, 물질생활이 풍부, 평등하고, 서로 공경하고 사랑하는 사회를 이루며 살고 있었다. 그래서 백안노수는 중국도 '쾌락도'가 되기를 바라는 마음으로, 사회당을 세우고 혁명에 앞장선다는 얘기다.

이런 얘기들은 신해혁명 이후 세워진 중화민국이 무정부주의자들이 꿈꾸었던 이상과는 너무나 달랐기 때문에 소설을 통해 신랄하게 비판한 것이라 할 수 있다. 이렇게 현실에 대한 불만과 새로운 시대에 대한 갈망으로 청나라 말기에는 대량의 유토피아를 그린 소설들이 쏟아져 나왔다. 그중에는 량치차오의 『신중국미래기』(1902), 천텐화(陳天華, 1875~1905)의 『사자후(獅子吼)』(1905), 우젠런(吳趼人, 1867~1910)의 『신석두기(新石頭記)』(1905), 황장댜오써우(荒江釣叟, 미상)의 『월구식민지소설(月球殖民地小說)』(1904), 뤼성[旅生]의 『치인설몽기(癡人說夢記)』(1904), 샤오란위성[蕭然鬱生]의 『오탁방유기(烏托邦遊記)』(1906), 차이위엔페이(蔡元培, 1868~1940)의 『신년몽(新年夢)』(1904) 등이 있다.

『신중국미래기』는 영국 에드워드 벨라미의 소설 『백년일각(*Looking Backward: 2000~1887*)』과 일본 스에히로 뎃초[末廣鐵腸]의 소설 『설중매』(1886)의 영향을 받은 것(夏曉虹 2001, 85)이다. 그러나 작품 속에서 표현된 현대 민족국가에 대한 갈망은 중국적(張全之 2004)이라고 할 수 있다.

1902년 『신소설』이라는 잡지에서 발표한 량치차오의 『신중국미래기』는 문학의 형식을 빌려 민족국가의 이미지를 그린 작품이라고 할 수 있다. 량치차오가 『신중국미래기』를 쓸 때만 해도 청나라가 아직 건재하던 시기였기 때문에, 그는 언젠가는 청나라에서 개혁이 성공할 것이라는 희망을 갖고 있었고, 그것이 소설에 반영되었다. 그러므로 소설은 광서 28년(1902) 유신이 성공하고, 유신 성공 50주년인 60년 이후인 1962년에 중국에 '연방 대공화국'이 수립한다는 이야기를 다루고 있다. 『신중국미래기』는 이렇듯 선명한 정치적 색채를 띠고 있는 소설이라고 할 수 있다. 소설을 통해 민지(民智)를 계몽하여, 신민(新民)을 육성하기 위한 것이라 할 수 있다. 량치차오의 『신중국미래기』는 문학적으로는 성공하지 못했지만, 정치사상을 표출하는 '정치소설'이라는 장르를 중국 현대문학사에 유행시키는 데 큰 몫을 하였다(王曉初 2005, 41~50).

『신중국미래기』의 주인공은 공각민(孔覺民), 황극강(黃克强), 이거병(李去病) 세 사람이다. 공각민의 이름은 홍도[宏道]이고, 자(字)가 각민(覺民)인데, 풀이하자면, 백성을 각성시킨다는 의미이다. 이름은 그 인물의 성격을 보여 준다. 공각민은 공자의 후예로, '곡부(曲阜) 선생'이라고도 불린다. 이름이 암시하듯 전통적인 개혁 인사이다. 그는 일찍이 일본, 미국, 유럽 여러 나라에서 유학한 적이 있고, 유신 활동으로 두 차례 감옥에 갔던 적도 있다. 신정부를 위해 일했으며, 병으로 사직한 이후에는 교육활동에 힘써 왔다. 공각민은 전통 국학과 서구 문명의 영향을 동시에 받은 인물이며, 실천적 경험도 한 인물로 그려졌다.

또 다른 인물인 황극강(黃克强)의 부친은 경산(瓊山) 선생으로 유학자이다. 마지막 인물인 이거병(李去病)은 그의 학생이다. 황과 이는 모두 중국 전통 이학(理學)에 능통하지만, 유럽에 유학한 경험이 있다. 이거병은 파리대학에서 공부했고, 황극강은 베를린대학에서 국가학과 사회주의를 연구했다. 이 두 사람은 신세대 중국 지식인을 상징한다. 중서를 관통하는 학문적 배경을 갖고 있으면서 애국심과 더불어 세계적 시야를 겸비한 것으로 그려졌다. 그뿐만 아니라 독립적 인격 정신과 자유 의식을 갖고 있었다. 또한 현대적 국민 의식도 갖고 있지만, 황극강은 군주입헌을, 이거병은 혁명을 주장하였다. 소설에서 황극강과 이거병이 '입헌'과 '혁명'을 둘러싸고 격렬한 토론을 벌인다. 소설에서 중재 역할을 하는 공각민(孔覺民)은 절충적 입장이었던 량치차오를 보여 주는 듯하다.

『신중국미래기』의 영향하에서 현대 민족국가를 그린 소설들이 많이 출현하였다.[4] 많은 소설이 있지만, 가장 대표적인 것은 루스어(陸士諤, 1878~1944)가 쓴 『신중국(新中國)』이다. 루스어, 이름 수선(守先), 호는 운상(雲翔), 운간용(雲間龍), 심매자(沁梅子) 등이며, 장쑤 칭푸(지금의 상하이) 사람으로 주로 유토피아 소설을 썼으며, 『신중국』, 『신삼국』, 『신수호』 등의 작품이 있다. 그중에서 『신중국』이 대표작이라고 할 수 있다. 『신중국』은 모두 12회로 나뉘어서, 선통 2년(1910) 개량소설사에서 출간했다. 량치차오의 『신중국미래기』를 모방하여, 중국 입헌 성공 이후의 모습을 그린 소설이다. 『신중국미래기』의 확장판이라고 해도 무관하다.

소설은 작가 본인이 잠에서 깨나는 것에서 시작된다. 사방에서 "축하합니다", "돈 많이 버세요" 하고 덕담 소리가 들렸지만, 일어나지 않았는데, 부인이 밖에 나가 보자고 졸라, 깨어나 보니 선통 43년(1953년) 1월 15일, 입헌 40년 후의 신중국이라는 설정이다. 길거리에 나가보니 사납던 외국인들이 모두 온화한 표정이고, 전차가 지하에서 다니고, 황푸강에 큰 다리가 놓여 황푸와 상하이 모두 번화해졌고, 세상이 완전히 딴판

---

4 루스어의 『신중국』과 『신수호』, 춘마펑[春馬風]의 『미래세계(未來世界)』, 작자 미상의 『헌지혼(憲之魂)』, 우젠런의 『입헌만세(立憲萬歲)』, 차이자오화[蔡召華]의 『홀산기(匆山記)』, 해천독소자(海天獨嘯子)의 『여와석(女媧石)』, 처우푸(抽斧)의 『신서국(新鼠國)』, 벽하관주인(碧荷館主人)의 『신기원(新紀元)』 등이다.

이 되었다. 대학도 여럿이고, 대학의 학과도 다양하며 학생도 많고, 유럽, 미국, 일본에서 온 유학생도 있다. 그리고 중국어가 세계 공용어가 되었다. 이때 마침 입헌 40주년 행사가 열리고, 전 세계 20여 개국으로 된 의회가 미병(弭兵)문제를 논의하고, 중국 황제가 미병회 회장으로 선출되었다. 작가는 이렇게 감탄한다. "그야말로 번성하구나. 문명이 이 정도까지 발전하다니! 더 이상 진화는 힘들지도 모르겠구나!" 독립된 국가이며, 부강한, 세계 제일의 중앙제국이 되었고, 세계에서 공도(公道)와 정의를 실현하고, 세계를 평화로 나아가게 하는 핵심적 역량이 된 것이다. 이것은 루스어가 꿈꾸는 미래의 중국의 모습이다. 그리고 지금의 중국인들도 다 꿈꾸는 미래이다.

3. 중국의 무정부조직: 천의파와 신세기파

이렇게 소설에서나 무정부주의를 얘기한 것이 아니라 무정부주의를 전적으로 사회나 학계에 전파하는 조직이 출현하게 된다. 1907년 도쿄와 파리에 각각 중국인이 조직한 무정부조직이 출현했다. 『천의보(天義報)』와 『형보(衡報)』를 중심으로 활동한 '천의파'와 『신세기(新世紀)』를 중심으로 활동한 '신세기파'가 그것이다. 파리 무정부주의자들이 창간한 『신세기』와 도쿄 무정부주의자들이 창간한 『천의보』는 당시 가장 영향력 있었던 무정부주의 잡지가 되었다. 이 두 파는 성격이 달랐다. 어떻게 달랐을까?

도쿄에서는 류스페이, 장지, 허전[何震] 등이 '사회주의 강습회'를 조직하여,『천의보』,『형보』를 창간하였고,[5] 그 조직과 잡지를 통해 무정부주의를 선전하고 그와 관련된 활동을 전개했다. 이들을 천의파라고 부른다. 천의파의 무정부주의는 중국의 전통문화에서 무정부주의적 요소를 발굴하고 선전했기 때문에, 천의파의 무정부주의를 '중국식 무정부주의'라고 부른다. 천의파는 중국의 고대에도 공산주의와 그 제도가 존재했다는 주장을 하기도 했으며(馬敍倫 1984, 139), 중국 고대의 무정부주의의 기원을 노장사상에서 찾았다. 천의파는 강권 통치에 반대하고, 개인의 절대적 자유와 남녀평등을 주장했다는 점에서는 여느 무정부주의와 다르지 않았지만, 특이한 점은 노동을 특히 중시했다는 점이고, 전국시기부터 "모든 계급의 경작[君臣並耕]"을 실천했던 허행(許行)에게서 '범노동주의' 맹아를 발견했다. 이렇듯 천의파의 노동관은 중국 본토의 사상적 자원을 찾고자 했다.

그것은『천의보』의 창간자 중 하나인 류스페이가 전통문화에 대해 호감을 갖고 있었던 인물이었기 때문이다. 그는 중국의 전통이 무정부주의와 부합하는 면이 있다고 생각했고, 유가나 도가사상은 정치가 사회에 간섭하는 것을 막는 데 도움을 주었다고 보았다. 근대의 시장경제가 전통사회의 생산양식을 파괴하여 수많은 농민들이 빈곤에 빠지도록 했다고 보았고, 도시 생활이 사람들의 도덕과 인성은 물론이고 생활 수준을

---

5 『천의보』는 1907년 6월에 창간되었고, 핵심 인물은 류스페이, 허전, 장지 등이다. 1908년 이후 『형보』도 발행했다(高瑞泉 1996, 335).

저하시켰다고 생각했다(閆虹珏 2006, 99~102). 이것은『천의보』에서 마르크스의『공산당선언』제1장, 엥겔스의『가정, 사유제, 그리고 국가의 기원』을 번역하여 실은 것과 무관하지 않다.

『천의보』와 함께 무정부주의 간행물의 쌍두마차가 되는『신세기』는 1907년 6월 22일 파리에서 창간되었다. 1910년 5월 21일까지 발행되었던『신세기』의 핵심 인물은 리스청(李石曾, 1881~1973),[6] 우즈휘(吳稚輝, 1865~1953),[7] 장징장(張靜江, 1876~1950),[8] 추민이(褚民誼, 1884~1946)[9] 등이다(高瑞泉 1996, 332). 이 네 사람이 책임 편집을 맡았고, 장징장이 재무를 담당했다.『신세기』를 중심으로 활동한 신세기파는 언어혁명을 기점으로 중국 전통문화를 전반적으로 부정하였고, 이후『신청년(新靑年)』(1919)과 더불어 오사 문학혁명의 선구자가 되었다.

무정부주의 잡지로서『신세기』는 반청, 반봉건, 반전통을 모토로 내세웠다. 그것은 전통이 중국인의 노예성을 초래했으며, 권력과 권위에 대해 절대적 복종을 하도록 만들었다고 생각했기 때문이다.『신세기』는 특히 유가 사상이나 가족 관념에 대해 비판을 하였으며, 혁명사상을 통해 이런 미신들을 박멸해야 한다고 주장했다(阿裏夫·德裏克 2006, 92~93). 이후

---

6 리스청의 자는 욱영(煜瀛)으로, 허베이[河北] 가오양[高陽] 사람이다.

7 우즈휘의 이름은 경항(敬恒), 자가 치휘(稚暉)로, 장쑤[江蘇] 우진(武進)에서 출생했다. 리스청, 장징장, 추민이와 함께 프랑스에서 무정부주의 단체인 세계사를 설립했다.『신세기』창간 후에는 '연(燃)', '연료(燃料)', '이(夷)', '사무(四無)', '진(眞)' 등의 필명으로 활동했다.

8 장징장의 이름은 런제[人傑], 호는 와선(臥禪)으로, 저장[浙江] 우싱[吳興] 사람이다. 1902년 프랑스 주재 공사의 상무 수행원으로 갔다가 1907년 동맹회에 가입했다.

9 추민이의 본명은 명유(明遺), 호는 중행(重行)으로, 저장 우싱 사람이다.『신세기』에서 '민(民)', '천야(千夜)' 등의 필명으로 활동했다.

중국의 유명한 무정부주의자가 된 스푸[師復]는 『신세기』의 영향을 받아서 혁명군,[10] 평민혁명(平民革命),[11] 노동자혁명[勞民革命]을 근본으로 삼아야 한다(師復 1908)는 주장을 했다.

스푸에 의하면, 중국의 무정부주의자들은 사회주의자라고 하지 않은 적이 없었다[12]고 했는데, 그것은 맞는 말이다. 특히 신세기파는 스스로의 무정부주의를 사회주의라고 불렀고(李瀛煜 1907), 천의파도 자신들이 사회주의에서 비롯되었고, 사회주의에 다름 아니라고 밝힌 바 있기 때문이다(劉師培 1907). 천의파와 신세기파는 전통에 대한 생각에 있어서는 분명히 달랐지만, 둘 다 기존 사회조직의 전복을 통해 자본가의 손에서 생산 수단을 빼앗는다는 목표는 사회주의와 동일[13]했다. 사회주의의 목적은 일체 재산의 평균, 사유재산을 공유화하는 것으로, 특히 공산주의적 무정부주의는 목적이 같다(劉師培 1907). 즉 당시 무정부주의자들은 사회주의자와 더불어 자본주의제도를 비판하고(李瀛煜 1907), 그 대안으로 공유제를 주장한다는 점, 기존의 사회가 계급사회라고 생각(褚民誼 1929)한 점 등에서 공통점이 있다.

그래도 『천의보』에 비해 『신세기』가 보다 급진적이었다는 점을 알 수 있는데, 그것은 문자혁명에 대한 주장에서도 드러난다. 프랑스 파리에서 장징장, 우즈휘, 리스청이 창간한 『신세기』는 무정부 세계를 건설하

---

10 師復, 「答樂無」, 『民聲』第7號, 1914.

11 師復, 「無政府共產黨之目的與手段」, 『民聲』第19號, 1914.

12 師復, 「無政府共產主義釋名」, 『民聲』第5號, 1914.

13 師復, 「孫逸仙江亢虎之社會主義」, 『民聲』第6號, 1914.

기 위해 우선 언어를 통일하고 세계어를 구축해야 한다(醒 1907)는 주장이었는데, 당시에는 상당한 인기를 끌었다. 그들이 지지했던 에스페란토(Esperanto)어[14]는 처음에는 '애사불난독(愛斯不難讀)'으로 번역되었고, 후에 세계어 또는 세계신어로 불리었다. 신세기파는 이렇게 세계어 사용을 주장하는 동시에, 한자의 폐지를 함께 주장했다. 그들은 문명 진화를 위해 어려운 한자를 폐지해야 한다고 주장하였다. 한자는 보기에도 어렵고(吳稚暉 1908), 응용하기에도 경제적이지 못하다(傅斯年 1999)는 이유로 열등한 것으로 치부되었다.

당시 가장 급진적으로 한자 폐지를 주장한 사람은 첸셴퉁[錢玄同]이었다. 그는 「중국 금후의 문자 문제(中國今後之文字問題)」라는 글에서 한자는 공자의 학설과 도교의 요망한 말들을 기록한 것이므로 20세기에 적합하지 않다며, 『신세기』를 계승하여 세계어 사용을 주장하였다. 우즈휘는 중국의 문자와 중국의 '낡은 종족성[種性]'은 하나(燃 1908)라고 폄하하였다. 그는 중국의 '낡은 종족성'은 야만적이며, 인류 진화에 위배된다고 보았고, 심지어는 한자를 포함해 중국의 전통을 사랑하는 국수(國粹)를 '마른 똥'이라고 비난하기도 했다. 그리고 중국인이 중국의 글자를 알게 되면 애국하는 마음이 생길 것이라는 비판에 대해 '허튼소리'라고 맞받아쳤다. 이것은 루쉰이 한자를 국민의 몸에 붙은 '결핵균'이라고 본 것과 같은 생각과 같다.

---

14 에스페란토어는 1887년 폴란드 안과의사 자멘홉(Zamenhop, 1859~1917, 중국명 石門華)이 만들었다.

근대 중국의 무정부주의자들이 이렇듯 강하게 문자 개혁을 주장한 것은 실은 정치적 목적을 위한 것이라 할 수 있다. 물론 자유주의자들도 무정부주의자들과 마찬가지로 문자혁명에 동조했는데, 그것은 바로 교육의 보편화를 통해 중국인들의 사상을 개조하자는 목적이 같았기 때문이었다(胡適 2003, 266). 문자혁명에 대한 신세기파의 주장은 당시 유행했던 진화론의 영향이 크다. 자유주의자인 후스[胡適]도 진화론의 영향을 받아 문자혁명에서 더 나아가 문학혁명을 주장하였고(胡適 1917), 천두슈도 「문학혁명론(文學革命論)」이란 글을 통해 같은 입장을 밝혔다.[15]

그런데 신세기파가 한자 폐지를 주장한 가장 큰 이유는 한자로는 현대 과학의 의미를 이해할 수 없다고 생각했기 때문이다. 그들은 세계를 과학적 세계와 비과학적 세계로 나누고, 양 세계가 각각 과학적 문자와 비과학적 문자에 의해 뒷받침되었다(燃 1909)고 보았다. 그것은 다시 말하면, 중국은 곧 비과학적 세계를 대표하고, 한자는 곧 비과학적 문자라는 얘기이다. 신세기파는 중국 전통의 유가 문명은 미신을 수단으로 하며, 전제 통치를 위한 것으로, 과학적인 무정부주의와 맞지 않는다고 단언하였다. 중국의 수천 년 역사를 지배해 왔던 주류 이데올로기인 유가 사상이 부정되었던 만큼, 그 상징인 공자 또한 전제 정부의 대변자로 부정의 대상이 되었다. 이렇게 공자는 혁명의 대상이 되었다. 공자가 사랑하고 존경해 마지않던 주공(周公)은 교활한 자가 되었고(絕聖 1908), 공자는 우민 정책을 주장한 부패한 지식인으로 매도되었으며, 역사적 진화와 과학의

---

15 천두슈는 『신청년』에서 아예 진화론과 호조론을 결합시켜 자신의 이론적 기초로 삼았다.

발전을 저해한 주범으로 비난당했다. 당연히 국학은 '똥학[糞學]'으로 여겨졌다. 루쉰은 중국의 국수를 '방귀'에 비유(魯迅 2005, 351)하기도 했고, 당시 중국의 전통을 긍정하던 국수주의자를 모두 '나쁜 인간들'이라고 싸잡아 욕했다.

물론 신세기파가 가장 공격의 대상으로 삼았던 것은 바로 유교 도덕이다. 「삼강혁명(三綱革命)」, 「조종혁명(祖宗革命)」, 「남녀혁명(男女革命)」, 「무군무부무법무천(無君無父無法無天)」 등의 글이 바로 그렇다. "삼강이라는 것은 교활한 자들이 만들어 낸 것"이고, "가짜 도덕을 미신으로 삼고, 군주와 아버지의 강권을 보호하려는 것"[16]이라고 생각했기 때문이다. 신세기파는 나아가 장유유서[17]도 남녀유별[18]도 모두 부정했다. 그리고 자유연애를 주장하였고, 처첩제도, 다처제도에는 반대했다. 그들은 또한 애국(애족)제도도 야만이라고 생각했고, 초월적 박애 사상을 주장했다.

한자 폐지를 통해 신세기파는 아예 중국인의 인격을 바꿔야 한다고 생각했다. 그것을 위해 1912년 리스청, 우즈휘, 장지, 장징웨이[汪精衛], 차이위엔페이 등은 '진덕회(進德會)'를 조직하였다(羅平漢 2002, 110). 이후 우즈휘, 차이위엔페이, 리스청, 쑹자오런[宋敎仁] 등이 '사회개량회(社會改良會)'를 조직했고, "인도주의로써 군권 전제를 없애고; 과학적 지식으로써 신권

---

16 「无政府說」, 『新世紀』 46호, 1908年 5月.

17 「三綱革命」, 『新世紀』 11號, 1907年 8月. "과학적으로 말하자면, 아버지가 아들을 낳는 것은 오직 생리 문제이며, 일단 낳으면, 그다음은 사는 것일 뿐이다. 장유가 이렇게 유전되므로 존비의 의리라는 것은 있을 수 없다."

18 같은 곳. "사람이 세간에 살면, 각자 자립할 자격을 갖는다. … 아내는 남편에 속하지 않고, 남편도 아내에게 속하지 않는다. 이런 게 자유이다."

미신을 없앤다"(羅平漢 2002, 111)는 것을 목표로 삼았다. 이것은 일종의 영혼혁명(阿裏夫·德裏克 2006, 84)을 시도한 것이라 할 수 있다. 전통적 인격과는 다른 전혀 새로운 인격을 만들어 그것을 바탕으로 사회혁명을 성공시키고자 한 것이라 할 수 있다. 그러므로 혁명 지도자와 혁명 단체는 단순한 지도자나 정치 단체가 아니라 사상 정화의 모범이 되어야 하는 것이다. 여기서 교육은 사상 정화의 가장 좋은 방법이며 무정부주의를 통해 사회혁명을 실현시키는 중요한 수단이며, 혁명 그 자체라고 할 수 있다. 이러한 교육은 자유주의자가 주장하는 과학적 지식과 기술의 습득을 의미하는 것이 아니라, 이상적 인격을 스스로 완성하는 과정이다.

오사운동 이후 중국 무정부주의는 크게 세 가지 파벌로 나뉘었다. 무정부공산주의, 개인무정부주의, 무정부공단주의가 그것이다. 모두 무정부주의를 주장한다는 공통점을 갖고 있지만, 차이점도 갖고 있다.

황링솽[黃淩霜], 취성바이[區聲白], 스푸를 대표로 하는 무정부공산주의는 무정부주의와 크로폿킨 호조론를 결합한 것이었다. 그것은 폭력이라는 혁명 수단과 계급 투쟁을 통한 국가의 소멸을 추구하지만, 과학과 인도주의를 주장했다. 그리고 언론과 교육을 통해 더 많은 사람들이 감화되어 무계급, 무정부를 추구하도록 해야 한다고 생각했다. 주첸즈[朱謙之]를 중심으로 한 개인무정부주의는 슈티르너의 정치철학, 베르그송의 생명철학, 노장의 허무주의가 결합된 것으로, 개인의 자유를 저해하는 모든 국가와 제도에 대한 투쟁을 주장하면서, 공포와 암살을 통한 자유의 쟁취를 목표로 삼았다. 정페이강[鄭佩綱], 리줘[李卓], 샤오싱[曉星]의 무정부공단주의(Anarcho-syndicalism)는 『신세기』를 통해 중국에 전파되었는데,

정치투쟁에 반대하고, 전국 노동자연합이 국가를 대체해야 한다(湯庭芬 2000, 120)고 생각했다. 이들은 무산계급의 혁명과 무산계급 독재를 반대하였다는 점이 특징이다.

근대 중국에는 많은 무정부주의자들이 활동했지만, 중국식 무정부주의의 대표를 하나만 꼽으라고 한다면 단연 스푸라고 할 수 있다. 역사학자 위안웨이스[袁偉時]는 스푸를 급진적 민주주의 사상의 초석이라고 평가하기도 한다. 그런 스프의 무정부주의는 '무정부주의+암살'로 특징될 수 있다. 중국에 도입된 무정부주의는 '민의당'의 테러리즘과 결합하였다는 점을 얘기했는데, 이것이 '중국식' 무정부주의를 결과했다고 할 수 있다. 스푸의 삶은 짧았지만, 그의 궤적은 그것을 단적으로 보여 주는 것이었다. 그는 여러 무정부주의 간행물을 운영했는데, 그중에는 '실사(實社)'의 『자유록(自由錄)』, '군사(群社)'의 『인군(人群)』, '평사(平社)'의 『평사잡지』, '진화사(進化社)'의 『진화잡지』, 『노동』, 『노동보감』(阿裏夫·德裏克 2006, 164~165) 등이 있다. 그가 했던 가장 영향력 있었던 실천은 근공검학운동(勤工儉學運動)과 공독운동(工讀運動)이라 할 수 있다. 그는 일하면서 공부하는 조직을 운영하면서, 삶으로서의 무정부주의를 정착시키고자 했다.

당시 무정부주의의 혁명방식은 대개 다섯 가지이다. 첫째, 책이나 잡지, 연설 등을 통한 방식, 군중 동맹, 군중 폭동, 조세나 조업 저항이나 파업 등을 통한 평민 저항, 그리고 암살이 있다(阿裏夫·德裏克 2006, 83). 스푸는 이 모든 시도를 보여 준 인물이었다. 특히 다수에 의한 혁명 방식이 성공하려면, 상류층과 노동 인민의 결합이 이루어져야만 한다. 그렇기 때문에 중국의 무정부주의자들은 학자, 청년 학생들이 민간으로 가서,

노동을 통해 스스로를 단련시키고, 견고한 의지를 갖는 혁명가가 됨으로써 자산계급의 예속으로부터 벗어나야 한다고 보았다. 그리하여 노동, 교육, 혁명의 삼위일체를 통한 사회개조를 시도하였고, 노조(公會), 노동 자조직(公團), 호조회, 근공검학조직(勤工儉學機制), 노동대학 등의 건설을 시도했다. 이것은 곧 스푸의 삶 자체였다. 스푸가 병으로 죽고 난 후 일어난 신문화운동 이후 중국의 무정부주의는 마르크스주의와 결별하면서 사상계에서 소멸하였다. 스푸의 삶은 중국식 무정부주의 자체였고, 그 운명을 보여 주었다고 할 수 있다.

중국 무정부주의의 주장들을 정리해 보면 다음과 같다. 첫째, 강권(强權)과 전제정치를 반대하였다. 둘째, 사유재산제도를 경멸하고, 소농경제시대의 생산 방식과 사회 구조를 지향했다.[19] 셋째, 정치조직을 반대하였지만, 극단적 개인주의를 지향하지는 않았다. 이것은 개인주의적 무정부주의도 마찬가지였다. 그것은 강권적 기구의 존재가 인간을 분리시키고, 유기적 사회의 생산을 방해했다고 보았기 때문이다. 넷째, '호조'가 인간의 천성이라고 보았다. 공동체의 형성(合群)은 인간의 본능이라고 보았기 때문에, 인간과 인간의 자유연합을 주장했다. 다섯째, 사회혁명을 주장했다. 그중에서 중국 무정부주의 최대 공헌은 사회혁명에 대한 주장이라고 할 수 있다. 그들은 정치혁명과 사회혁명을 구분하였고, 정치혁명을 기점으로 하고 사회혁명을 최종 목표로 설정하였다. 일체의 정치 강권과 정치제도를 부정하였고, 정치 자체를 부정하였다. 정치혁명을 통해 기존

---

19 이에 대해 '유교혁명'을 주장했다는 견해도 있다(阿裏夫·德裏克 2006, 153).

정권을 전복하고자 했는데, 정치혁명은 소수의 혁명이라고 보았다. 그러나 사회혁명은 대다수의 사람들이 참여하는 평민혁명이라고 여겼다. 기존의 정권뿐만 아니라 일체의 정치제도를 폐지하여 인간과 인간의 자유연합을 회복하여 조화롭고 서로 돕는(화해호조) 신사회 건설을 목표로 하였다. 무정부주의자들에게 정치혁명은 일시적인 것이고, 사회혁명은 지속적으로 이루어지는 과정이었다.

중국 무정부주의가 사회혁명을 위해 모든 전통을 부정한 것 같지만, 전통을 완전히 벗어나지는 못했다. 특히 그들이 이룩하고자 하는 미래의 이상 사회를 애기할 때 더욱 그러했다. 『민보』, 『천의』, 『신세기』 등 잡지가 무정부주의를 선전할 때 허무당을 무정부주의 대동 세계를 실현하는 대표로 스스로를 이해하였다. 즉 대동 세계는 이들이 궁극적으로 추구하는 이상향이었다. 대동 세계는 『예기 · 예운』에 나오는 "대도가 행해지니, 천하위공이다[大道之行也, 天下爲公]"의 대동 사회를 의미한다. 왜 무정부주의자들은 대동 사회를 이상향으로 본 것일까? 무정부주의는 정부를 포함한 모든 제도를 부정[20]하는데, 대동사회가 바로 그런 사회라고 믿었기 때문이다. 『예기』에는 "그러므로 자신의 부모만 부모로 여기지 않고, 자신의 자식만을 자식으로 여기지 않으며, 늙어서 삶을 마감할 수 있고, 젊어서는 일할 곳이 있고, 어려서는 길러 주는 곳이 있으며, 과부와 홀아비, 고아와 장애인도 모두 돌봐 주는 곳이 있다"[21]라는 문구가 있는데, 이것

---

20 "무정부당의 특징은 모든 정부를 인정하지 않는 것이고, 그 목적은 정치적으로 모든 제도에 대해 선전포고를 하는 것이다. 오늘도 그렇고, 앞으로도 그럴 것이다." [自然生(張繼) 1984, 39]

21 戴聖纂, 『禮記』, 北京: 藍天出版社, 2008, 84.

을 부자, 부부는 물론 가정의 속박에서 벗어난 사회임을 의미한다고 보았기 때문이다.[22] 그러나 아이러니하게도 오사운동 시기에 공자에 대해 선전포고를 한 것도 무정부주의자이다. 『신세기』의 「비공정언(排孔征言)」에서는 공자를 "우리 동포를 독살한 자"라고 욕하면서, 공자의 독으로 인해 뼈를 깎고 살을 도려내는 수술을 받지 않고서는 살아날 수 없는 지경에 이르렀다고 비난하였다.[23]

중국적 무정부주의는 유가의 유토피아를 자신의 유토피아로 전용한 것뿐만 아니라, 허무주의적 관점과 노장의 출세주의 인생관을 결합하여 '허무주의 인생관'을 형성하기도 했다(李耳 2008, 137). 톨스토이의 범노동주의와 무저항주의를 술을 마시지 않는다, 고기를 먹지 않는다, 인력거를 타지 않는다 등등의 생활 준칙으로 이해함으로써 사상적 모순과 이론적 혼종을 결과하기도 했다(陳漢楚 1983, 220~221).

4. 오사 이후 무정부주의: 무정부주의의 쇠퇴

오사운동 때까지 활발하게 성장했던 무정부주의는 오사운동 이후 급격히 쇠퇴하기 시작했다. 무정부주의의 쇠퇴를 막아 보기 위한 시도로

---

22 「心社意趣書」, 『社會世界』 第5期, 1912. "無父子, 無夫婦, 無家庭之束縛, 無名分之拘牽, 所謂不獨親其親, 不獨子其子者, 斯不亦大同社會之權輿軟?"

23 絕聖, 「排孔征言」, 『新世紀』 第52號, 1908. "孔丘砌專制政府之基, 以茶毒吾同胞者, 二千餘年矣", "以孔毒之入人深, 非用刮骨破疽之術不能慶更生."

'문예중심설'이 주장되었다. 그 대표적인 인물은 화린[華林]이다. 그는 오사 시기 『자유록(自由錄)』에 글을 발표하고, '향촌 교육'을 통한 사회 개조를 주장했다. 오사 이후에 유럽에 유학을 갔다가 돌아와서 '도덕구세(道德救世)'를 주장했다. 그가 말한 도덕이라는 것은 '신뢰', 신뢰를 통해 사회를 미몽에서 깨어나게 해야 한다는 것이었다.

1927년 『민종(民鍾)』 2권 1, 2기에서 「예술과 무정부주의」, 「예술가와 무정부주의자」를 발표하여, 무정부주의와 예술을 결합시켜 무정부주의의 쇠퇴를 막아 보고자 하였는데, 예술을 통해 '꿈'을 현실로 만들고, 무정부주의를 '깨어난[醒]' 세계에서 위치시키고자 한 것이었다. 인간의 자유와 개성을 존중하며, 현실에 만족하지 않고 강권에 대항하고, 인생의 즐거움[趣味]을 중시한 것이었는데, '국가 없는 유랑인'과 아름다운 꿈을 하나로 결합하는 무정부주의를 추구하는 '문예중심설'을 통한 사회운동이었다.

「문예중심설」[24]에서 작가는 중국 사회의 냉담과 공교 도덕의 인간에 대한 피해를 통렬히 비판하였다.[25] 그는 실망과 적막 속에서 문예에서 돌파구를 찾고자 했다. '문예중심설'은 감정으로 일체의 계급을 소멸시킬 수 있다고 생각했던 만큼, 세계에서 가장 추앙하는 것은 '미'라고 보았다. 모든 사람은 미 앞에서 권위를 내려놓고, 반항하지 못한다고 생각했고, 그러므로 미를 통해 무정부주의 실현할 수 있다고 본 것이다.

---

24 『民鍾』 2卷 4, 5期 合刊.
25 "到處冰人欲死的窮荒, 就是遇見些人, 那套死板的面孔, 吃人不發聲的制度, 實在不可周旋."

문예 자체는 창조성과 혁명성으로 가득 차 있다. 문예에서는 계급이 없다. … 문예를 부흥시키자는 기치를 사람들 마음속의 높은 봉우리에 세우면, 누구든 미의 기치 아래 항복할 것이다. 이런 세상에서는 계급 도, 국경도 없다. 그러고 보니, 무정부주의자는 '미'의 충복일 뿐이다.[26]

화린 이외에도 여러 사람이 무정부주의 문학들을 발표하였는데, 그 중에는 1929년 루졘보[盧劍波]의 에세이 『가시 있는 장미』,[27] 마오이보[毛一波]의 『낭만과 고전』[28]과 에세이 『폭풍우 속의 시대』 등이 있다. 마오이보의 창작 번역 소설 문집에 그가 창작한 소설인 『예술의 빈곤』, 『실생활(實生活)』, 『욕(欲)』, 『낭만과 고전』, 『영란(鈴蘭)』, 『여인(女人)』, 『구아가씨』 등이 있다. 마오이보는 『예술의 빈곤』의 주인공 위안쥔[元君]의 생각을 빌려 당시의 프롤레타리아 문학에 대한 불만을 표시하였는데, 프롤레타리아 문학을 한다고 해서 진정한 프롤레타리아가 될 수 없다는 점을 자각하기도 했다.[29]

1919년 이전 신문화운동이 예교에 대해 비판적이었고, 그것은 가족제도의 억압성을 비판하는 경향을 초래하였다면, 무정부주의는 '사회문제'에 대한 비판적 시각을 제공했다. 사람들이 체계적으로 무정부주의를 받아들인 것은 아니지만, 무정부주의자들이 잡지나 문학을 통해 적극적으

---

26 「文藝中心說」, 『民鍾』 2卷 4, 5期 合刊, 1927.
27 盧劍波, 『有刺的薔薇』, 上海: 光華書局, 1929.
28 毛一波, 『浪漫的與古典的』, 重慶: 沙龍旬刊社, 1935.
29 위의 책, 6. "그는 지식인계급 출신의 청년이다. 그는 아무리 해도 벌거벗은 프롤레타리아가 될 수 없다! 다른 보통 지식인들처럼 유행하는 일에 열심일 뿐이다…."

로 자신들의 주장을 알림으로써, 새로운 어휘와 개념들을 급진적 사상들에게 제공해 주었고,[30] 이때 많은 무정부주의자들이 무정부주의를 포기했지만, 또 무정부주의에 관심을 가졌던 문학가들도 많았다.

그러나 오사운동 시기 전성기를 맞이한 무정부주의는 최대의 적수 마르크스주의를 만나게 되었다. 러시아 10월 혁명이 성공한 이후 중국의 지식인들은 마르크스주의를 중국 사회에 소개하기에 바빴다.[31] '천의파'의 류스페이와 일본사회당 강경파 인물 고토쿠 슈스이[幸德秋水] 등은 친밀한 관계를 갖기도 했다. 고토쿠 슈스이 등은 무정부주의뿐만 아니라 마르크스주의를 선전하였는데, 『사회주의의 신수(神髓)』라는 책을 써서 크게 인기를 누리기도 한 인물이다. 그 때문인지 『천의보』는 적극적으로 마르크스주의적 글들을 실었다. 15권 "학리(學理)"란에 민밍저[民鳴譯]가 번역한 『공산당선언』 영문판 서문을 실었다. 16~19기에도 민밍저 역의 『공산당선언』 제1장 「자산자와 무산자」를 실었고, 즈다제[志達節]가 번역한 엥겔스의 『가족, 사유재산, 국가의 기원』의 일부를 실었다.

1921년 중국 공산당이 성립하였고, 취바이성[區白聲], 황링솽[黃淩霜], 정셴종[鄭賢宗, 鄭太樸]등 여러 무정부주의자들이 자유주의자에서 공산주의자로 전향한 천두슈와 논쟁을 벌였는데,[32] 논쟁을 하면서 점차 공산주의로 기울게 되었다. 공산주의와 무정부주의의 궁극적 목적이 다르지 않았기

---

30 程農, 「重構空間: 1919 年前後中國激進思想裏的世界概念」, 許紀霖 編, 『二十世紀中國思想史論』 上卷, 上海: 東方出版中心, 2000, 268.

31 1919년 4월 6일, 『每周評論』 第16號에서는 「공산당선언」 일부 번역이 소개되었고, 5월 5일, 『新靑年』에서는 '마르크스 연구' 특집호를 실었다. 『晨報』에서도 '마르크스 연구' 특집을 다루었다.

32 徐善廣, 柳劍平, 『中國無政府主義史』, 武漢: 湖北人民出版社, 1989.

때문에 더욱 그랬다. 게다가 공산주의는 무정부주의보다 더 조직적이었고, 목적과 수단이 확실했기 때문이다.[33]

결국 무정부주의 내부의 분화가 생겨났다. 무정부주의는 개량주의와 국수주의 등으로 갈리게 되었다. 바오푸[抱樸], 비슈샤오[畢修勺], 루젠보[盧劍波], 마오이보[毛一波], 페이간[茹甘], 바진[巴金] 등은 『민종(民鍾)』 등 무정부주의 잡지를 진지로 삼아 무정부주의 이론을 보완하고 조직을 가다듬고자 했다. 그러나 개인의 절대적 자유를 주장하면서, 일체의 권력과 조직 및 제도를 부정해 온 무정부주의가 조직적인 마르크스주의에 대항할 길은 없었다.

이후 1927년 국민당 내부에서 발생했던 일종의 쿠데타 '4.12 정변'이 발생한 이후 장제스[蔣介石]는 무정부주의자들과 협력을 시도하게 되었다. 장제스는 무정부주의 잡지인 『혁명(革命)』에 찬조를 하고, '안국협력(安國合作)'[아나키즘(安那其)과 국민당(國民黨)의 협력]을 제안하여, 공산주의에 대항하고자 하는 반공동맹이 결성되었다. 우즈휘, 장징, 비슈샤오 등이 주력이 되어 무정부주의와 국민당의 삼민주의를 결합시키고, "유가와 도가의 협력설", "혁명절차설"등을 주장하였다.[34] 그러나 무정부주의자들의 살아나기 위한 노력은 결국 국민당과 별반 다르지 않다는 인식을 주었고, 심

---

33 鄧中夏, 「共產主義與無政府主義」, 『先驅』 創刊號, 1922年 1月 25日. "共產主義與無政府主義終極的目的沒有什麼兩樣, 無政府主義的好處, 共產主義都有; 共產主義的好處, 無政府主義卻沒有了. 共產主義有目的, 實行有步驟, 有手段, 有方法, 反之, 無政府主義除用他視爲掌上珠, 圖案畫, 繡花衣的美妙的理想目的以外, 卻空空毫無所有了."

34 이에 『민봉(民鋒)』과 미국에서 출간되었던 『평등(平等)』 잡지 등은 우즈휘의 '안국협력'을 비난했다.

지어는 국민당의 도구로 전락해 버려 무정부주의의 원칙을 배반했다는 비판을 면하기 힘들었다.[35]

항일전쟁이 시작된 후, 무정부주의자들이 『경칩(驚蟄)』, 『포효(破曉)』 등을 창간하여 다시금 일어서고자 했으나, 전쟁 상황이 악화됨에 따라 무정부주의자들의 주장은 실현성이 떨어지게 되어 지지를 얻지 못하게 되었다. 근대 중국에서 무정부주의를 쇠퇴시킨 요인은 내적 요인과 외적 요인이 있는데, 내적 요인으로는 강권과 정치에 대한 부정으로 인해 단결과 통합력을 획득하지 못했기 때문이고, 외적 요인으로는 공산당의 성립이다. 공산당과 무정부당은 많은 점에서 공통점을 갖고 있었지만, 보다 추진력 있고, 통합력 있는 것은 공산당 쪽이었다. 무정부주의 내부의 다양한 분파는 결국은 무정부주의의 쇠퇴를 초래했고, 공산당의 공격에 맞서지 못하고 격퇴당한 것이다. 그 결과 무정부주의자들의 갈 곳은 두 가지밖에 남지 않았다. 역사 속에서 사라지거나 공산주의자가 되는 것이었다.[36] 중국공산당 초기 멤버 50명 중 22명이 무정부주의의 영향을 받았다는 것은 22명의 무정부주의자가 공산주의가 되었다는 것을 의미한다. 리다자오[李大釗], 마오쩌둥[毛澤東], 저우언라이[周恩來], 취추바이[瞿秋白]도 그

---

35 盧劍波, 「中國少年共產無政府主義者聯盟宣言」, 『民鋒』 2卷 6期, 1927年 12月 31日. "把現今的國民黨及其政府同北方軍閥及其政府一樣看待; 同時對於投降於國民黨的理論, 在國民黨及其政府下做工具, 背叛了無政府主義的原理, 而替新興權力階級爭奪或穩固政權的吳稚暉, 李石曾, 及其徒輩, 認爲無政府主義的叛徒, 從我們的組織內滌除出去."

36 高軍等 主編, 「無政府主義在中國」, 『朱謙之的回憶』, 長沙: 湖南人民出版社, 1984, 509. "당시 무정부주의자에게는 오직 두 가지 길밖에 없었다. 하나는 마르크스주의자로 전향하여 공산당이 되는 것. 두 번째는 자포자기하고 점점 잊혀 몰락해 가는 것이었다."

중 하나이다.

    장광츠[蔣光慈]도 무정부주의였다가 공산주의로 전환하였는데, 그가 쓴 소설 『구름을 뚫고 나온 달빛(沖出雲圍的月亮)』의 주인공 왕만잉[王曼英] 또한 무정부주의에서 공산주의로 전향하였다.[37] 전향한 무정부주의 문학가들에 의해 20년대 후반 무산계급 문학운동이 활발하게 전개되었다. 그 진지는 창조사(創造社)와 태양사(太陽社)이다. 그들은 강권 반대, 억압 반대, 평등 추구, 자유 존중을 모토로 삼았고, 그것을 소설에 반영했다. "반역하는 개인[反叛的個人]"과 "이상적 사회[理想的社會]"의 대립은 루쉰과 바진의 소설에서 보이는데, 그들이 한때 무정부주의자였기 때문이었다.

---

37 왕만잉, 사페이[莎菲], 후이뉘스[慧女士], 장추류[章秋柳], 스쉰[史循], 쑨우양[孫舞陽] 등 소설 속 인물은 모두 미하일 아르치바셰프[沙寧]의 중국판 인물들이라고 할 수 있다.

高瑞泉, 『中國近代社會思潮』, 上海: 華東師範大學出版社, 1996.

羅索, 『自山之路』, 李國山等譯, 北京: 文化藝術出版社, 1998.

羅平漢, 『風塵逸士―吳稚暉別傳』, 北京: 人民文學出版社, 2002.

梁啟超, 「難乎爲民上者」, 『淸議報』, 1901.

魯迅, 『魯迅全集』第11卷, 北京: 人民文学出版社, 2005.

魯哀鳴, 「極樂地」, 『人道』, 1912.

劉師培, 「歐洲社會主義與無政府主義異同考」, 『天義報』第6卷, 1907.

李瀜煜, 「伸論民族, 民權, 社會三主義之異同再答來書論〈新世紀〉發刊之趣意」, 『新世紀』第6號, 1907.

李怡, 『近代中國無政府主義思潮與中國傳統文化』, 武漢: 華中師範人學出版社, 2001.

李耳, 『老子』第80章, 太原: 三晉出版社, 2008.

馬君武, 『俄羅斯大風潮』序, 肇慶: 廣智出版社, 1902.

馬敍倫, 『無政府主義思想資料選』上卷, 北京: 北京大學出版社, 1984.

傅斯年, 「漢語改用拼音文字的初步談」, 『新潮』1卷 3號, 1919.

師復, 「論中國宜組織勞民協會」, 『衡報』第5號, 1908.

___, 『民聲』第5號~第19號, 1914.

徐覺哉, 『社會主義流派史』, 上海: 人民出版社, 1991.

醒, 「萬國新語」, 『新世紀』第6號, 1907.

施蒂納, 「唯一者及其所有物」, 『馬克思恩格斯全集』第3卷, 北京: 人民出版社, 2008.

阿裏夫・德裏克, 『中國革命中的無政府主義』, 桂林: 廣西師範大學出版社, 2006.

燃, 『新世紀』第71號, 第101號, 1908~1909.

燕客, 「無政府主義・序」, 見葛懋春・蔣俊・李興芝 編, 『無政府主義思想資料選』上卷, 北京: 北京大學出

　　　版社, 1984.

閆虹玨, 「近代中國無政府主義思潮述評」, 『中南民族大學學報(人文社會科學版)』, 2006.

吳稚暉, 「評前行君之〈中國新語凡例〉」, 『新世紀』, 1908.

自然生(張繼), 「無政府主義與無政府黨之精神」(1903), 『無政府主義思想資料選』上冊, 北京: 北京大學出
　　　版社, 1984.

作者不詳, 『新民叢報』第5號, 1902.

章士釗, 「書甲辰三暗殺案」, 『文史資料選輯』第19輯, 中國人民政治協商會議全國委員會, 文史資料研究委
　　　員會編, 北京: 中華書局, 1961.

蔣俊, 「略論〈極樂地〉的政治思想和社會意義」, 『近代史研究』, 1991.

褚民誼, 「普及革命」, 『新世紀』第18號, 1929.

絕聖, 「排孔征言」, 『新世紀』第52號, 1908.

湯庭芬, 『無政府主義思潮史話』, 北京: 社會科學文獻出版社, 2000.

巴枯寧, 『巴枯寧言論』, 上海: 三聯書店, 1978.

夏曉虹, 『晚清社會與文化』, 武漢: 湖北教育出版社, 2001.

胡適, 「文學改良芻議」, 『新青年』2卷 5號, 1917.

＿＿, 『胡適全集』第12卷, 合肥: 安徽教育出版社, 2003.

동서양의 조화를 시도한
량치차오

김현주
원광대학교 HK⁺ 동북아시아인문사회연구소 교수

1. 량치차오는 누구인가?

량치차오(1873~1929)는 근대를 대표하는 인물 중 한 사람이다. 그는 평생 글을 쓰지 않은 날이 없었다고 알려졌을 정도로 많은 글을 남겼다. 그중에는 한국인들에게 잘 알려진 『신민설(新民說)』도 있다. 량치차오의 명성은 량치차오가 살았던 당시에는 지금보다 더 대단했다. 당시 중국에서 량치차오가 강의한다고 하면 너도나도 그의 강의를 듣기 위해 돈을 내고 입장권을 구매했을 정도였다. 요즘 아이돌의 인기는 저리가라였을 정도였다. 강의뿐만 아니라 그의 글 또한 인기가 많았다. 그것은 수려하면서도 마음을 움직이는 글이었기 때문이었다. 그래서 그의 글은 한반도까지 전해졌고, 한반도의 지식인들은 그의 글을 자신의 글처럼 신문에 게재하기도 했다. 한때는 신채호의 글이라고 알려져 있었던 『이태리건국삼걸전』은 량치차오의 글을 서문과 결론만 바꾼 것이었다. 당시에는 표절이란 것이 없었으니까, 문제가 되지는 않았다. 그런데 중요한 것은 량치차오의 글이 그만큼 호소력을 갖고 있었다는 것이 아닐까.

량치차오는 어렸을 적 영재라고 소문이 났을 정도로 총명한 아이였다. 우리나라로 치면 초등학교도 가지 않았을 나이에 사서삼경을 줄줄이 외웠다고 한다. 암기력 하나는 최고였던 듯하다. 그 암기력으로 17세에 수재에 합격하였다. 전통 중국에서는 과거를 여러 차례 봐야 했다. 지방의 향시를 통과한 후에야 중앙의 과거를 볼 수 있었다. 향시 후에도 수도인 베이징의 예부에서 주관하는 회시를 보아야 했고, 그것을 통과하면 또 마지막으로 전시를 볼 수 있었다. 그중에서 향시에서 합격한 사람을 '수재'라고 부른다. 오늘날 '수재'라는 말의 사전적 의미는 "머리가 좋고 재주가 뛰어난 사람"을 뜻하는데, 그것은 과거시험의 문턱이라고 할 수 있는 향시에 붙기도 쉽지 않았음을 보여 주는 것이다. 그런데 량치차오는 17세에 수재에 합격하였고, 그것은 오늘날이라고 하더라도 무척 빠른 것이라고 할 수 있으니, 량치차오의 영특함을 알 수 있는 대목이다. 게다가 향시에서 량치차오의 답안을 본 시험관이 량치차오의 글솜씨에 반해 자신의 조카딸을 시집보냈을 정도이니, 그의 글솜씨도 미루어 짐작할 만하다.

이렇듯 똑똑한 그였지만, 그래서 공부를 안 해도 될 것 같은 그였지만, 량치차오는 매년 평균 39만 자를 썼다고 알려진 일명 공붓벌레로도 유명하다. 매일매일 책을 읽었고, 자신이 읽은 책에 대해 꼬박꼬박 독후감을 남겼다. 그의 학술적 근면함은 오늘날 누구도 부정하지 못하는 점이다. 그런 부지런함으로 그는 많은 글을 남겼다. 『신민설』, 『청대학술개론(清代學術槪論)』, 『묵자학안(墨子學案)』, 『중국역사연구법(中國歷史硏究法)』, 『중국근삼백년학술사(中國近三百年學術史)』, 『굴원연구(屈原硏究)』, 『선진정치사상사(先秦政治思想史)』, 『중국문화사(中國文化史)』, 『변법통의(變法通議)』 등등 모두 나열할 수 없을 정도로 많다. 그래서 그를 백과전서식 인물이라고도 평가한다. 이렇듯 그는 고대로부터 현대에 이르기까지, 동양으로부터 서양에 이르기까지 모르는 것이 없었던 박학다식한 사람이었다.

젊은 시절의 량치차오는 스승인 캉유웨이와 함께 유신변법운동을 주도했다. 중화민국이 수립된 이후에 정치에도 몸을 담은 적이 있었으나, 결국은 중국 젊은이들의 생각을 바꾸는 것이 우선이라는 생각에 교육과 학술에 전념하게 된다. 그 덕분에 말년에 중국의 전통 사상에 관해 많은 연구를 하였고, 오늘날의 우리에게도 많은 자료를 남겼다. 그때도, 지금도, 량치차오에 대한 평가는 극과 극으로 갈린다. 무척 좋아하는 사람이 있는가 하면, 아주 싫어하는 사람도 있다. 국가주의자라고 평가하는 사람이 있는가 하면, 자유주의자라고 평가하는 사람도 있다. 진보주의자라고 말하는 사람이 있는가 하면, 보수주의자라고 말하는 사람도 있다. 량치차오의 사상은 이런 많은 요소를 가지고 있어서, 여러 가지로 평가된다. 게다가 량치차오는 어릴 적부터 줄곧 '변화[變]'를 강조했기 때문에, 고정 관념이나 선입견에 사로잡히는 것을 싫어했고, 아니다 싶으면 언제든 자신의 방향을 바꾸는 융통성 있는 사람이었기 때문에 많은 학자가 그를 '선변(善變)', 즉 너무 자주 생각을 바꾸는 사람이었다고 평가하기도 한다.

일찍이 리쩌허우가 량치차오를 평가한 글을 본 적이 있다. 2021년 세상을 떠난 리쩌허우는 한국에도 잘 알려진 현대 중국의 대표적 철학자 중 한 명이다. 한때 그는 량치차오에 대해 량치차오의 "계몽선전은 얕고 잡다했지만 광범위했다. 그는 그다지 중요한 사상가가 아니었고, 특별히 독창적이고 깊은 사상적 성과를 내지도 못했다"라고 신랄하게 평가했다. 러쩌허우의 평가 때문에 나는 량치차오에 대한 선입견을 품은 적이 있었다. 별로 아는 것 없이 얕고 넓게 아는 사람이라고 생각했다. 그런데 그의 전집을 보고는 생각을 바꾸었다. 얕고 넓게 아는 사람으로서는 그렇게 쓰지 못한다는 것이 확실하기 때문이다. 게다가 량치차오가 아니었다면 중국의 전통 사상은 철학으로 여겨지지 못했을 것이기 때문이다. 개혁개방 이후에는 량치차오에 대해 긍정적으로 평가하는 이들이 늘어나고 있다. 그에 대한 부정적 평가는 사실 그의 사상에 자유주의적인 면이 있기 때문이다. 중국이 개혁개방 되기 이전 그는 부르주아 사상가로서 배척의 대상이었지만, 지금 현대 중국이 시장경제를 받아들인 이후에는 사정이 달라졌다. 량치차오가 사회주의를 긍정하였지만, 당시의 중국으로서는 시기상조라고 생각했던 판단이 사실은 맞았기 때문이다. 사회주의를 보다 완벽하게 달성하기 위해서는 생산력의 발전이 밑받침되어야 하는데, 중국의 자본주의가 성숙하지 못한 상황에서 사회주의를 실현하려고 한 시도는 무리가 있었기 때문이다. 그것을 개혁 개방의 기수로 알려진 덩샤오핑[鄧小平]은 '초급 사회주의 단계'라고 불렀다. 오히려 지금의 중국이 사회주의를 실현하기에는 더 적합한 조건을 갖춘 셈이다. 그러나 중국은 지금이 아닌 2050년을 사회주의의 완성 단계로 설정했다. 그리고 그것은 일국적 수준에서의 사회주의의 완성을 말한 것이고, 세계적 수준에서는 2100년 정도가 되어야 할 것으로 예측한다. 그런 점에서 량치차오의 생각은 중화인민공화국 수립 초기에는 비판의 대상이었지만, 지금은 선견지명이었다고 여겨지고 있다.

『신민설』에서의 "새로운 국민을 양성해야 한다", "중국인들은 새로운 국민으로 거듭나야 한다", "그렇게 나라를 위기에서 구해야 한다" 등의 강한 선동적 어조는 당시 젊은 중국인들의 가슴을 흔들어 놓기에, 충분했다. 그리고 그 때문에 량치차오는 중국과 같은 처지에 있었던 한반도에서도 그 당시에 인기를 구가했다. 그러나 바로 그것 때문에 동아시아에서 그는 국가주의자라고 평가되어 뭇매를 맞기도 했다. 지금도 중국에서 많은 학자가 량치차오를 국가주의자로 규정한다. 그러나 그것은 번역어 개념으로 인해 오해를 낳은 것이다. 엄밀히 말해 국가주의자라는 것은 민족주의자와는 구별되는 개념이지만, 많은 사람이 그것을 혼동해서 쓰고 있다. 물론 둘 다 모두 개인의 이익을 이차적인 것으로 본다는 것에서는 같고, 두 개념이 분명히 다른 것이라 하더라도 자유주의자들에게는 그게 그것일지 모르지만, 두 개념은 중요한 차이가 있다. 그래서 그것을 혼동해서 사용하는 것이 오해를 가져올 수 있다. 국가주의는 영어로 'statism', 즉 국가통제주의로 번역할 수 있다. 정치, 사회, 경제 모든 방면을 국가가 통제하는 정치 체제를 옹호하는 것이다. 국가의 이익을 개인의 이익보다 절대적으로 우선시하는 것이다. 민족주의는 영어로 'nationalism', 즉 민족의 이익을 개인의 이익에 우선시하는 것이다. 민족은 국가의 구성원을 말한다. 국가나 민족이 무슨 차이가 있느냐 하겠지만, 그것은 완전히 다른 개념이다. 국가주의 또한 민족주의에 기반한 것이지만, 그냥 민족주의가 아니라 배타적 민족주의에 근거한 것이다. 그래서 국가 내 모든 민족의 우월성을 주장하는 것이 아니라, 지배 민족의 순수성과 우월성을 강조하는 배타성을 띠고 있다. 량치차오를 민족주자라고 할 수는 있겠지만, 국가주의자라고 부르는 것은 어폐가 있다. 그러나 량치차오를 국가주의자로 부르게 된 이유는 번역의 오류로 인한 것이기도 하지만, 사실상 의도적인 정치적 이유이기도 하다. 자유주의적인 그의 사상을 부정하고자 일부러 그런 오해를 불러온 것이기 때문이다.

2. 국학의 개척자

량치차오가 보수주의자로 불린 이유는 그의 전통 사랑에 있다. 량치차오의 사상은 시대에 발맞춘 진보적인 것이었지만, 전통 사상에 관한 관심은 시대에 뒤처진 것으로 오해받았다. 그러나 그것은 오히려 시대를 앞서간 것이었다. 하지만 당시에 량치차오가 중국의 고유학문인 '국학'에 대해 관심을 가졌을 때, 학계에서 문화 보수주의자라고 비난받았다. 오늘날 중국에서 지금은 좋은 의미로 받아들여지는 그 용어는 당시에는 바꾸지 않으려고 하는 완고파, 수구파와 같은 부정적 뉘앙스로 들리는 것이었다. 국학(Chinese Studies)이라는 용어는 '한학(漢學, Sinology)'이라는 용어에 대한 대체어인데, 전자가 중국 중심적인 용어라면, 후자는 서구 중심적 용어라고 할 수 있다. 중국인들이 자신들의 고유한 사상과 학문을 대상으로 삼게 된 계기가 바로 '국학'이라는 용어의 사용이라고 할 수 있다.

그러나 국학에 대한 량치차오의 관심은 오히려 중국을 현대화시키겠다는 목적에서 비롯된 것이었다. 새로운 중국, 강하고 부유한 중국을 건설하기 위해 국학, 중국철학에 매진했기 때문에 그를 '국학의 개척자'라고 부른다. 이렇듯 량치차오가 국학의 개척자라고 해서 중국 것만을 고집한 사람이라고 생각하면 오산이다. 량치차오는 이렇게 말했다.

> 과거는 물론 오늘날 세상에서 배움을 좋아하고 깊이 생각한다는 선비에는 두 가지 종류가 있는데, 한 가지는 한갓 중국의 사상과 학술계의 군색함에 사로잡힐 뿐 외국의 것은 한 번도 섭렵하지 못한 유이고, 또 한 가지는 한갓 외국의 학술과 사상에 현혹되어 중국의 것은 한 번도 그 뜻을 연구하지 않는 유이다. 무릇 우리 학술과 사상계는 이미 이와 같이 방대하고 깊이가 있으며, 외국의 학술과 사상계는 이와 같이 찬란하고 왕성하게 일어남을 알았으니, 수십 년간 저기와 여기에 힘을 다해 일일이 그 사실과 그 핵심을 잘 연구하고 융합하여 통달하지 못한다면, 아무리 노래하고 춤을 추려고 한들 어떻게 노래하고 춤을 출 수 있겠는가?[1]

정리하자면, 량치차오는 옛것과 새것을 함께 추구해야 학술과 사상의 발전이 가능하다고 본 것이다. 그는 줄곧 '변화'를 주장했고, 옛것만 고집해서는 안 된다고 말했지만, 그렇다고 옛것을 전부 버리고 새것만 추구하는 것도, 새것은 포기하고 옛것만 추구하는 것도 모두 중국이 추구해야 할 올바른 '변화'라고 생각하지 않았다. 옛것 중에서도 좋은 것이 있다

---

1   梁啓超, 「論中國學術思想變遷之大勢」, 『梁啓超全集』第12卷, 北京 : 北京出版社, 1999.

면 지키고 갈고 닦아야 하고, 새것 중에서 좋은 것이 있다면 적극적으로 받아들이고 배워야 한다고 생각했다. 그런 그의 융합적 태도는 그의 학문 연구에도 반영되었다. 그는 중국의 전통과 서양의 현대를 융합하고자 했고, 그것을 통해 새로운 학문을 창조하고자 했다.

국학이라고 하면 세 가지 종류로 그 의미를 정리해 볼 수 있다. 첫째는 국학이라는 것은 곧 중국 학술 문화 전체를 가리키는 말로 이해할 수 있다. 이것은 한편으로는 중국 이외의 학술 문화와 구별하기 위해 사용된 것이라고 할 수 있다.[2] 이것은 광의의 개념으로, 현재는 중국문화에 수용된 외국 문화까지 포함할 정도로 더 넓은 의미로 사용되기도 한다. 둘째는 '국수(國粹)'라는 의미이다. 즉 전통문화 속에서도 발굴할 가치가 있는 정화 또는 정수를 가리키는 것이다. 셋째는 '국고학(國故學)'이라는 의미이다. 이것은 후스[胡適]로부터 비롯된 정의이다. 후스는 국학을 '국고학'의 축약어라고 생각했고, 중국 역사는 모두 '국고'라고 규정하고, 그것을 공부하는 학문을 국고학이라고 불렀다. 그리고 국고학을 줄여 국학이라 부를 수 있다고 하였다.[3] 이 중에서 량치차오의 국학 개념은 첫 번째 의미로 사용되었다고 할 수 있다.

량치차오로부터 시작된 근대 중국의 국학 열풍을 이끌었던 장타이옌 [章太炎]의 말 속에서 국학이 당시 어떤 의미로 중시되었는지 알 수 있다. 국학 대사라고도 불렸던 장타이옌은 『민보(民報)』 창간호에 실은 「국학강

---

2 "今人以吾國固有學術名爲國學, 意思是別於外國學術之謂." (馬一浮 1998)

3 "'國學'在我們眼裏, 只是'國故學'的縮寫. 中國的一切過去的文化歷史, 都是我們的'國故', 研究這一切過去的歷史文化的學問, 就是'國故學', 省稱爲'國學'." (胡適 1923)

습회서(國學講習會序)」에서 다음과 같이 지적하였다.

> 경쟁의 시대에 살고 있으므로, 국학만으로는 나라를 세우기 힘들다는
> 말을 듣는다. 그러나 국학이 부흥하지 않았는데, 나라가 저절로 세워
> 졌다는 말은 들어본 적이 없다. 그러므로 오늘날 국학을 누구도 일으
> 켜 세우지 않는 것이 국가의 생존과 멸망에 영향을 줄 것이다. 그래서
> 또한 과거에 매우 어려웠던 것은 아닌가?
>
> — 章太炎 1979, 215~216

이것은 오늘날 우리의 학문과 사상을 경시하는 풍조에 대한 일침이기
도 하다. 하지만 량치차오는 중국의 것만으로는 새로운 변화를 가져올
수 없다고 생각했고, 중국의 것과 서양의 것을 "융합하여 통달"해야 한다
고 보았다. 그리하여 젊은 시절의 그는 서양철학 중 중국에 도움이 될 수
있다고 생각하는 것은 무엇이나 읽고 그것을 중국인들에게 소개하였다.
그의 서양철학에 대한 관심은 아리스토텔레스에서 시작하여 베이컨, 데
카르트, 루소, 홉스(Thomas Hobbes), 몽테스키외(Montesquieu), 스미스(Adam
Smith), 칸트, 다윈, 스펜서(Herbert Spencer), 벤담(Jeremy Bentham), 블룬칠리
(Johann C. Bluntschli) 등 광범위하였다.

3. 동서양 철학의 융합

하지만 서양철학을 소개하고 해석하면서 그는 항상 중국철학을 염두에 두었다. 일례로 칸트철학에 주목한 량치차오는 칸트철학이 불교철학과 상통한다고 생각했다.

> 칸트철학은 대체로 불학에 가깝다. 이 이론은 불교 유식(唯識)학의 의미와 서로 인증한다. 불교는 일체의 이치를 궁구하는 데 반드시 먼저 본식(本識, 알라야식)을 근거로 삼는다는 것이 그러한 의미이다. 칸트는 지혜의 작용에 두 가지가 있다고 보는데, 하나는 이치를 추론하여 의미를 궁구하고 그것을 사용하여 이론을 세우는 것이다. 다른 하나는 실제의 동작에서 그것을 사용하여 행위를 통제하는 것이다. 이 두 가지는 능력이 각각 다르다. 논의할 때에는 몸 밖의 사물에 나아가서 고찰하는 기능을 하는 것이 곧 이 지혜이다. 실행할 때에는 스스로 움직여서 일체의 사업을 만들어 내는 것 또한 이 지혜이다.[4]

칸트의 '이성(reason)'을 량치차오는 '지혜'라고 번역했는데, 이 또한 불교의 '본식'과 상통한다고 보았다. 칸트는 이성을 통해 인간이 인간 이외의 만물을 인식할 수 있다고 보았다. 불교에서는 그것이 바로 알라야식

---

4   梁啓超, 「近世第一大哲學家康德之學說」, 1999, 1051.

이다. 량치차오는 칸트에게 있어서 지혜의 작용이 세 가지라고 정리했다. 듣고 보는 작용, 고찰하는 작용, 추리하는 작용이다. 그중에서 고찰하는 작용이란 세 가지 원리를 만족시켜야 한다. 조건 만족의 원리[條件滿足之理], 만물 조화의 원리[庶物調和之理], 세력 불감의 원리[勢力不減之理]이다. 조건 만족의 원리란 사물은 모두 인과(因果)를 갖고 있다는 것이고, 만물 조화의 원리는 모든 현상은 연관되어 있다는 것이며, 세력 불감의 원리는 현상에서의 힘은 증가하지도 감소하지도 않는다는 것이다. 이것을 량치차오는 화엄종과 연관시켜 이해했다. 그리고 칸트가 모든 사물을 연관된 것으로 이해한 점을 량치차오는 윤리와 도덕의 측면으로 확대해석하였다. 그는 그것으로 나와 중생의 관계를 보았고, 나와 중생의 관계가 일체라고 해석하였다. 칸트의 뜻을 중생이 더러운데, 나만 깨끗할 수 없으며, 중생이 괴로운데, 나만 즐거울 수 없다는 것으로 이해했다(梁啟超 1989, 55). 이렇듯 량치차오에게 있어서 철학과 윤리학[道學]은 하나이다(梁啓超 1989, 57).

량치차오는 칸트철학의 해석에 유가철학의 대표적인 두 인물인 주희(朱熹, 1130~1200)와 왕양명(王陽明, 1472~1528)을 끌어들여 해석하기도 했다. 량치차오는 이렇게 말했다.

송유(宋儒)는 이러한 뜻을 이용하여 중국철학을 조직하였으므로, 주자는 의리지성과 기질지성을 구분해 냈다. 대학주석에서 말하길, "명덕(明德)이란 사람이 하늘에서 얻어서 허령하고 어둡지 않아 여러 이치들을 받아서 만사에 응하는 것이다. [이것이 불교의 소위 진여(眞如)요, 칸트의 이른바 진아(眞我)이다.] 다만 기품(氣禀)에 구속되고 인욕(人欲)에 가려지면, 때때로 어두워진다." [이것이 불교의 소위 무명(無明)이요, 칸트의 이른바 현상적 자아이다.] 그러나 불설(佛說)의 이 진여라는 것은 일체 중생이 공유하는 본체이니 한 사람이 각각 한 가지의 진여를 가지는 것이 아니다. 그런데 칸트는 '사람이 모두 각자 하나의 진아를 가지고 있다'고 하니, 이것이 차이 나는 점이다. 그러므로 불설에는 중생이 성불(成佛)하지 않으면 나는 성불할 수 없다고 하니, 그 본체가 하나이기 때문이다. 이는 널리 구제하는 뜻이 비교적 넓고 깊고 절실하고 분명하다. 칸트는 내가 선인(善人)이 되고자 하면 이에 선인이 된다고 하니, 그 본체의 자유 때문이다. 이는 수양의 뜻에 있어서 또한 비교적 절실하고 쉽게 들어갈 수 있다. 주자가 말한 명덕은 이미 그것을 가리켜 하나의 본체의 상(相)이라 할 수 없으니, 이것이 불교에 미치지 못하는 까닭이다. 또한 이 명덕은 기품에 구속되고 인욕에 가려진다고 하니, 자유로운 진아와 부자유한 현상적 자아의 경계가 분명하지 않으므로, 이는 칸트에 미치지 못하는 곳이다. 칸트의 뜻은, 진아란 결코 다른 사물에 구속되거나 가려질 수 있는 것이 아니니, 구속하거나 가릴 수 있다면 이는 자유롭지 못한 것이다.[5]

주희가 누구인가? 주희는 유가의 성인이라고도 여겨지는 유학자이다. 그는 북송 때 사람으로 사서, 『논어』, 『맹자』, 『대학』, 『중용』에 대한 주석

5 위의 책, 1061.

들을 정리하여 성리학의 기틀을 마련한 사람이다. 그렇게 만들어진 주희의 『사서집주』는 전통 시대 과거에서의 필독서였다. 그것을 달달 외우지 않고 과거에 붙는다는 것은 있을 수 없었다. 지금도 유학을 공부하는 사람이라면 당연히 읽어 보아야 하는 주석서이다. 사실 『논어』, 『맹자』, 『대학』, 『중용』의 원문들은 대단히 함축적이어서 이해하기가 어렵다. 그것은 고문을 잘 아는 사람도 마찬가지이다. 과거부터 지금까지, 물론 주희를 포함해서 많은 사람들이 그에 대한 해설서를 썼지만, 조금씩 의견이 달랐다. 우리는 캉유웨이가 쓴 『공자개제고』나 『신학위경고』의 내용 일부를 본 적이 있다. 해석은 제각각일 수 있다는 것을 보여 준 가장 대표적 예라고 할 수 있다. 그런 수많은 주석서와 해설서 중에서도 주희의 것은 독보적이다.

그런데, 주희는 불가 사상이나 도가 사상이 중국에서 유행한 이후의 유학을 대표하는 인물이다. 그것은 그가 그 두 사상의 영향을 많이 받았다는 의미이다. 과거에는 논하지 않았던 리(理), 기(氣), 심(心), 성(性) 등을 얘기하게 된 것도 이때이다. 갑자기 유학이 어려워지기 시작한 때도 이때다. 송나라 때 유명한 유학자들이 많이 나왔다. 그들을 일컬어 송유라고 부른다. 그들의 공통점이 있다. 보통 사람들은 알아듣기 힘든 말을 한다는 것이다. 그것을 성리학이라고 부른다. 어떤 사람은 성리학을 '유교의 옷을 입은 불교' 또는 '도교'라고도 한다. 유학의 권위에 도전하는 양대 사상에 대항하기 위해 유학도 공리 담론을 얘기하기 시작하면서 유학, 불학, 도학이 서로 영향을 주고받았다. 그 점을 량치차오가 지적한 것이다.

그는 『대학』의 문구에서 불교에서 말하는 '진여(眞如)'를 발견했고, 그리고 또 그것을 칸트의 '진아(眞我)', 'true self(본래적 자아)'와 연관시켜 생각하였다. 칸트를 근대 중국에 소개하면서, 칸트 사상에 대해 유식불교적 해석을 시도한 최초의 사람이 량치차오이다. 이런 생각은 중국뿐만 아니라 동아시아 전역의 지식인들에게 영향을 미쳤다.

유학을 대표하는 철학자를 꼽으라면, 하나가 주희이고, 또 하나는 왕양명일 것이다. 왕양명은 주희의 '성즉리(性卽理)'에 대해 '심즉리(心卽理)'를 주장한 사람이다. 량치차오는 주희보다는 왕양명을 더 좋아했다. 량치차오의 사상에서 유학적인 내용은 왕양명의 영향이 매우 크다. 왕양명은 절대적인 도덕적 명령을 내리고 자유를 부여하는 진아(眞我)에 대해 언급하였다.

> 왕양명이 말하였다: "한 점의 양지(良知)가 너 자신의 준칙이다. 너의 의념이 드러난 곳에서 그것이 옳으면 옳다는 것을 알고, 그것이 그르면 그르다는 것을 아니, 조금이라도 속일 수 없다. 너는 단지 참되게 그것에 의지해서 행한다면, 선은 보존되고 악은 제거될 것이다."[6] 이 또한 양지를 명령적인 것으로 여기는 것이며, 양지에 복종하는 것을 도덕적 책임으로 여기는 것이다. 양명의 양지는 곧 칸트의 진아이니, 그 학설의 기초는 완전히 같다.[7]

6　王守仁, 『傳習錄』 卷下, 206條目.

7　梁啓超, 「近世第一大哲學家康德之學說」, 1999, 1062. "王陽明曰, '一點良知, 是汝自家的準則. 汝意念著處, 他是便知是, 非便知非, 更瞞地些子不得. 汝只要實實落落依著他做, 善便存, 惡便去.' 是亦以良知爲命令的, 以

량치차오는 칸트가 석가모니, 공자, 소크라테스와 더불어 세계 4대 성인이라고 한 일본철학관의 말을 전적으로 긍정하지는 않았지만, 세계 학계에서의 위치는 부정할 수 없다고 보았다. 그렇게 높게 평가된 칸트의 사상은 한편으로는 불학에 가깝다고 생각했고, 그렇기 때문에 유학 중에서도 가장 불학과의 연관성을 보여 주는 왕양명의 '심학(心學)'과 상통한다고 본 것은 어쩌면 당연하다. 량치차오가 이렇듯 중국철학과 서양철학을 비교 고찰한 것은 단순한 학문적 호기심 때문은 아니었다. 량치차오는 도덕의 근원으로서의 칸트의 양심, 유식불교의 진아, 주희의 진여, 양명의 양지를 하나로 파악하였는데, 이것은 당시 사회가 필요로 하는 새로운 도덕을 정립할 필요가 있었기 때문이다. 칸트철학이라는 중국에는 전혀 낯선 철학을 중국에 도입하고, 그것을 바탕으로 새로운 도덕과 사상을 정립하기 위해서 량치차오는 주희도, 양명도, 불교도 매개로 사용한 것이다. 그러므로 량치차오의 사상은 전통적이면서도 전통적이지 않고, 새로우면서도 새롭지 않다는 점을 특징으로 갖게 되었다. 그것은 모두 동양과 서양, 전통과 현대를 융합적으로 사고했기 때문이다.

량치차오는 유가의 덕성 수양론에 대해 높이 평가했으며, 그것을 위해 읽어야 할 목록으로 『맹자』, 『송원학안(宋元學案)』의 「상산학안(象山學案)」, 『명유학안(明儒學案)』의 「요강학안(姚江學案)」,[8] 왕양명의 『전습록(傳習錄)』 등을 들었다. 즉 량치차오는 도덕교육과 개인적 수양에 대한 유가의 '내발

服從良知爲道德的責任也. 陽明之良知, 卽康德之眞我, 其學說之基礎全同."
8 『송원학안』과 『명유학안』은 명말 청초 황종희가 쓴 사상사 저술이다.

론(內發論)[9]을 지지하였다. 그것은 진화에 대한 설명에도 잘 드러난다. 량치차오는 진화에 있어서 물질적 진화뿐만 아니라, 정신적 진화도 중요하다고 보았고, 그런 점에서 정신적 수양 또한 중시했다. 그런 점에서 왕양명의 양지설은 중요한 의미를 갖는다.

량치차오는 「국학을 연구하는 두 가지 길(治國學的兩條大路)」에서 문헌에 대한 학문과 덕성에 대한 학문 두 가지를 제시하였다. 문헌에 대한 학문은 곧 당시 중국인들이 말하던 정리국고(整理國故)운동으로, 외국에서 수입된 과학적 방법론을 의미하는 것이었다(梁啟超 1999, 4067). 덕성에 대한 학문은 내성(內省)과 궁행(躬行)의 방법을 통한 연구이다. 즉 왕양명의 지행합일 사상을 의미한다.

량치차오는 동서양 철학의 유사점과 차이점을 살펴보면서 유가 사상 이외의 중국의 전통 사상도 '철학적'으로 고찰하기 시작했다. 중국사상에서 '철학'을 발굴해 낸 것은 그의 공로이다. 덕분에 중국철학이 어려워지게 되었지만 말이다.

그렇다면 도체(道體)는 도대체 있는 것인가 아니면 없는 것인가? 노자의 생각은 다음과 같다: 유(有)이든 무(無)이든 모두 명상 측면의 말이니, 마땅히 그것을 가지고 본체를 말해서는 안 된다. 마치 기신론에서

---

9 내발론은 인간의 정신과 신체의 발달의 동인을 인간 자신에게서 찾는 것이고, 외삭론(外鑠論)은 인간 외적 존재, 즉 환경, 타인, 학교, 사회의 영향에서 찾는 것이다. 량치차오가 내발론만을 지지한 것은 아니다. 그러나 사회적 환경뿐만 아니라 인간 자신의 주체적 수양 또한 중시했다고 할 수 있다. 그리고 인간 자신의 도덕적 수양을 위한 중요한 단서와 자원 중에서 유가의 내발론이라고 본 것이다. 맹자, 육상산, 왕양명 등은 그 대표적 사상가들이다.

다음처럼 말한 것과 같다: "진여자성은 유상(有相)도 아니고, 무상(無相)도 아니며, 유상이 아닌 것도 아니고, 무상이 아닌 것도 아니며, 유무가 동반된 상도 아니다."

— 梁啟超 1999, 3113

『노자』는 원래 5,000자 정도의 짧은 글이기 때문에 함축적이다. 그래서 어렵다. 『노자』를 읽는 사람마다 해석도 다르다. 량치차오는 『노자』를 불교의 교리와 연관시켜 이해하는 시도를 했다. 노자의 도를 불교의 '진공묘유(眞空妙有)'의 도와 합치되는 것으로 본 것이다. 량치차오는 노자가 불교를 토착화시켜 중국적인 불교가 되도록 했다고 생각했다. 외래 종교나 학문이 중국에 들어와서 토착 종교와 학문과 상호작용하여 중국화 된 예는 상당히 많다. 도가 사상과 불가 사상이 상호작용했다는 것은 억측은 아닐 것이다. 이렇게 노자 사상은 량치차오에 의해 형이상학으로 거듭났다. 물론 많은 노자 연구자들은 반대할 수도 있는 대목이다. 노자뿐만 아니라 장자도 량치차오에 의해 불가적으로 해석되었다. 량치차오는 장자의 사상을 대승불교와 비슷하다고 보았다. 장자의 "천지의 정신과 왕래한다"는 것, "위로는 조물주와 놀고, 아래로는 삶과 죽음, 처음과 끝이 없는 자와 친구를 한다"는 것은 진아(眞我)로 이해되었다.[10]

량치차오는 묵자의 사상에 대해서도 서양 사상의 관점에서 해석하였

---

10 "所謂'獨與天地精神往來', 所謂'充實不可以已, 上與造物者遊, 而下與外死生無終 始者爲友', 皆言契合眞我之
　　義; 所謂'不[傲][敖] 倪於萬物, 不譴是非以與世俗處', 所謂'應於化而 解於物也', 其理不竭, 皆言不離現境之義."
　　(梁啟超 1989, 8)

다. 그의 묵자 해석은 당대의 다른 학자들과 달랐다. 량치차오의 라이벌 후스는 묵자를 논리학이나 지식론으로 이해하였지만, 량치차오는 그렇지 않았다. "의는 곧 이익"이고, "서로 이익을 나누자[交相利]"는 묵자의 주장은 량치차오에게 개인적 이익에 대한 부정으로 비쳤다. 그리고 그것은 곧 이익을 평등하게 향유하는 사회주의적 사회를 지향하는 주장으로 이해되었다. 사유재산의 부정, 생산 수단과 그 결과물의 사회적 소유, 등 묵자 경제학이 지향하는 이상적 사회는 량치차오에게는 경쟁을 감소시켜 결국은 사회 진화에 해가 되는 사회로서 전혀 이상적인 사회가 아니었다. 따라서 그는 묵자 경제학의 사회주의적 성격을 지적하고, 그것을 묵자의 의리설과 겸애설을 중심으로 비판하였다. 량치차오는 묵자의 겸애설과 의리설뿐만 아니라, 묵자의 상현설(尙賢說)에서 또한 묵자의 사회주의적 성격을 발견하였다. 그는 묵자의 상현설이 유가들에 의해 지지되던 '친귀(親貴)'를 바탕으로 하는 사회적 계급제도에 반발하여 생겨난 것이라고 설명하였다. '친(親)'이란 혈연관계를 의미하고, '귀(貴)'란 신분을 의미하는 것으로, 혈연과 신분의 차이를 바탕으로 차별을 정당화하는 계급제도를 뒷받침한다. 이런 점에서 량치차오는 묵자의 이모저모가 사회주의적으로 해석했다. 량치차오는 이 같은 묵자 사상의 사회주의적 성격을 "같이 소유하고, 같이 먹는다"는 말로 함축적으로 표현하였다. 그는 그것을 '생산 수단의 공유'라는 표현을 쓰지는 않았지만, 사회가 같이 생산하고, 그 결과물을 공유하는 것으로 이해했음을 알 수 있다.

도가나 묵가에 대한 현대적인 해석이 당시 사람들에게는 참으로 신선한 것이었다. 량치차오의 유가에 대한 해석도 예외는 아니다. 그가 주목한 유가의 성인은 맹자이다. 맹자 사상의 혁명적 성격이 유신파 인사들에게는 좋은 평가를 받았다. 우리가 볼 때는 맹자든, 순자든, 주희든 모든 유가가 옛사람이고, 고리타분한 사람들이지만, 유학을 공부한 사람들에게 유가 한 사람, 한 사람의 사상이 독특하고 나름의 의미가 있을 것이다. 그리고 그들은 시대의 필요에 의해 재해석되고는 한다. 량치차오에게 맹자는 그런 시대적 중요성을 가진 인물이다. 량치차오는 『자유론』에서 사람들에게 마음의 노예 상태에서 벗어나야 진정한 자유라고 한 적이 있다. 그는 옛사람의 노예가 되지 말아야 한다, 세속의 노예가 되지 말아야 한다, 경우(境遇)의 노예가 되지 말아야 한다, 정욕의 노예가 되지 말아야 한다고 했다. 한마디로 마음의 노예가 되지 말자는 것이다. 이것은 분명 인간의 마음을 강조하는 맹자의 영향이다. 량치차오는 맹자의 심학을 잘 계승한 것이 바로 육왕심학이라고 보았다. 육구연의 '육'과 왕수인의 '왕'을 합쳐 육왕심학이라고 한다. 이것은 송대 정호, 정이 형제와 주희를 합쳐 부른 정주리학과 대비되는 유가의 사조이다.

왜 하필 맹자이고, 심학일까? 그것이 왜 그리도 중요할까? 그것은 한편으로 량치차오의 스승인 캉유웨이의 영향이 있기 때문이다. 공자는 대동과 소강을 모두 얘기했지만, 순자는 소강만을 계승했기 때문에 순자에 대한 캉유웨이의 평가는 무척 낮았다.[11] 캉유웨이를 계승한 량치차오 또한 유신운동을 같이 했던 담사동 등과 함께 '배순(排荀)'운동을 전개하기

---

11 梁啟超, 『梁啟超全集』 第12卷, 北京出版社, 1999, 157. 캉유웨이는 순자를 "공교의 얼파(孔敎之孼派]"라고 표현했다.

도 했다. 순자는 왕권을 강화하는 사상인 반면, 맹자는 역성혁명을 주장한 사상가였기 때문이다. 청말의 개혁 사상가들의 눈에는 맹자가 더 매력적일 수밖에 없는 이유일 것이다.

다들 알다시피 맹자의 주장은 그를 혁명적인 사상가로 여기도록 한다. "백성이 귀하고, 사직이 그다음이고, 군주가 가장 가볍다[民爲貴, 社稷次之, 君爲輕]"(『孟子·盡心章句下』)이라든지, "불인지심으로 불인지정을 행하라[以不忍人之心, 行不忍人之政]"(『孟子·公孫醜章句上』)라든지, "백성의 일은 늦출 수 없다[民事不可緩也]"(『孟子·滕文公上』)라든지, 맹자의 이런 주장들은 그 중심이 '민(民)'에 있다. 중국 정치사상사에 이름을 남긴 많은 이들이 민을 중시했지만, 맹자처럼 강조하는 이는 드물다. 근대 중국에 이르면 민의 역할이 중요해진다. 나라는 약하고, 외세는 강하고, 살아남기 위해 누군가에게 기댈 수 없게 된 것이다. 갓난아이로 묘사되던 민이 스스로 성장할 수밖에 없는 시기가 온 것이다. 그만큼 '민'을 강조한 사상은 민주주의적으로 확대해석 될 수 있었던 것이다. 기대가 컸기 때문이고, 또한 시대적 강제성 때문이기도 하다. 그래서 유가의 우두머리 중의 하나인 맹자가 발굴된 것이고, 그것이 유가 사상이 살아남을 수 있는 발판을 마련했다고도 볼 수 있다.

4. 전통과 현대의 매칭

량치차오는 「주요 도서 해제 및 그 읽는 법(要籍解題及其讀法)」이라는 글에서 필독서로 제시한 것은 14권의 책인데, 즉 『논어』, 『맹자』(대학, 효경 포함), 『사기』, 『순자』, 『한비자』, 『좌전』, 『국어』, 『시경』, 『초사』, 『예기』, 『대대예기』(이아 포함)이다. 이것으로 보면 알 수 있는데, 량치차오가 유학을 중시했다는 점이다. 그가 유가 사상의 모든 점을 긍정한 것은 아니지만, 특히 중시했던 것 중의 하나는 인(仁)사상이다. 그는 유가의 인을 동정심으로 해석하였다. 다시 말하자면, 현대적인 의미로 이해했던 것이다.

> 유가는 사회가 인류의 동정심으로 결합되었다고 말하지만, 동정심은 사람들 각자의 가장 가까운 주변을 시작으로, 순차적으로 점차 먼 곳으로 확대되는 것이다. 그러므로 윤리적 정치를 건설하고자 한다면, 각 사람들 자신 내의 서로 양보하고 협력하는 마음으로써, 동정심이 가능한 범위를 가능한 넓히고, 상대적 자유와 상대적 평등을 실현시키고 조화시켜야 한다. 또한 양호한 정치는 반드시 양호한 민중을 기초로 삼아야 하고, 민중의 본질은 물질과 정신 두 가지 측면 모두로부터 부단히 길러져야 발전할 수 있다. 그러므로 결과적으로 정치와 교육을 같이 고려해야 하며, 경제적인 분배 역시 주의해야 한다. 그것을 이렇게 부를 수 있다: '인치주의'나 '덕치주의'나 '예치주의'로.
>
> — 梁啟超 1999, 3636

여기까지만 본 사람들은 량치차오가 유가 사상가라고 말한다. 그래서 그를 문화보수주의자로 규정한다. 아직도 전통 사상에서 벗어나지 못한 중체서용식 학자라고 말이다. 그러나 그는 동양 사상과 서양 사상의 차이를 누구보다 잘 알고 있었다. 그리고 그것을 숨기려고도 하지 않았다. 량치차오는 그가 좋아하는 맹자에 대해 이렇게 말했다.

> 등문공이 국가에 대해 물었다. 맹자는 "민의 일은 늦출 수 없습니다"라고 말했다. 제선왕이 제환공과 진문공의 일에 대해 물었다. 맹자는 "민을 보호하여 다스린 것"이라고 말했다. 이것은 모두 당시의 정치의 조류에 반하는 것으로, 민권사상의 선구자라고 할 수 있다. 그러나 맹자는 단지 "백성을 보호하는 것[保民]"만을 얘기했고, "백성을 기르는 것[牧民]"만을 얘기했고, "백성의 부모"만을 얘기했지, 민이 스스로 다스리는 것을 얘기한 적이 없다. 근세 of the people, for the people, by the people 이라는 3원칙 중에서 맹자는 of와 for 두 가지만을 얘기했고, by의 뜻을 밝히지는 못했으니, 이것이 그에게 부족한 점이다.
>
> — 梁啓超 1999, 332

그는 또 이렇게 말했다.

> 미국의 링컨은 정치를 세 가지 단어로 그것을 개괄하였다. of the people, by the people, 그리고 for the people이다. 이것을 번역하면 정치는 민정이라는 말이다. 정치는 민을 위해 이루어지고, 민으로부터 나온다. 우리나라의 학설에는 of와 for의 뜻은 있지만, 상세히 얘기하자면, by의 뜻만은 들어본 적이 없다. 확대하여 말하자면, 나라는 인민 공동의 나라이고, 인민의 공동의 이익을 위해 정치가 있는 것이다. 이

두 가지 뜻은 우리 조상들이 매우 잘 알고 있고 매우 충실하게 믿고 있었다. 오직 일체의 정치가 인민에 의해 이루어져야 하는데, 우리 조상들은 그 방법을 연구한 적이 없고, 이런 이론도 인정하지 못하였다. 민위방본이라고 하며, 정치는 백성을 기르는 것[養民]에 있다고만 말하였을 뿐 정치가 발생하는 곳, 그 권리는 인민에게 있지 않았다. 이렇게 참정권이 없는 민본주의가 얼마나 효과가 있겠는가? 우리나라 정치론의 가장 큰 결점은 이것이 아니겠는가?

― 梁啟超 1999, 3605

인정(仁政)과 헌정(憲政)은 어떻게 다를까? 인정에서 '인(仁)'은 권력 자체를 가리키는 용어가 아니라, 권력의 표현 방식을 의미하지만, 헌정에서의 '헌(憲)'은 권력의 행사를 제한하는 방식을 의미한다. 인정에 대해 중국 학자 샤오궁취안[蕭公權]은 '인군전제(仁君專制)'라는 표현을 하였다. 그것은 어진 군주의 전제정이라는 의미이다. 그런 경우 군주의 권력에 제한은 없다. '전제'의 특성은 무제한적 권력이다. 인정과 헌정의 차이는 간단히 말하면, 권력의 제한이 없느냐, 있느냐에 있는 것이다. 중국의 정치에서는 항상 정치에서의 '인'을 강조해 왔는데, 이것은 군주 한 사람에게 모든 것을 맡기는 것으로, 이것은 량치차오는 '가장식 정부(imperium paternale)'라고 표현했다. 요즘은 그것을 가부장적 통치라고 말한다. 이런 체제에서 인민은 갓난아이에 불과하다. 보살핌이 필요하다는 말이다. 이런 체제에서는 결국 인민은 어떠한 권리도 인정받지 못한다. 권리라는 것은 오직 군주에게만 해당되는 것이다.

그러나 량치차오에게는 권리가 무척이나 중요했다. 특히 그중에서도 자유가 중요했다. 그것은 옌푸의 주장과 일치하다.[12] 옌푸는 '인정(仁政)'이 아니라 '인제(仁制)'를 해야 한다고 주장했는데, 제도가 어질어야 한다는 것이다. 그리고 제도가 착해지는 것은 바로 민권에 있다고 보았다. 량치차오는 그것을 해결하는 방법이 바로 헌정의 실시에 있다고 보았다. 그리고 헌정이 실시되고, 인민 모두가 권리를 갖게 되고, 자치를 하게 되면, 천하의 모든 사람들이 '군자'가 되는 것이고, 그것이야말로 유가의 '전민정치(全民政治)'가 실현되는 것이라고 생각했다. 이런 점을 중시하는 사람들은 량치차오를 근대 자유주의자라고 규정하는 것이고, 유가의 인정(仁政)에서 헌정으로 전환을 시도했다고 해서, 어떤 학자는 량치차오를 신전통주의자라고 규정하기도 한다.

량치차오는 유가 철학자인 주희와 왕양명에게도, 도가 철학자인 노자와 장자에게도, 그리고 묵가 철학자인 묵자에게도 관심이 있었다. 량치차오의 관심은 이렇듯 중국의 고대철학에 두루 있었다. 그것이 중국 사상의 원류라고 생각했기 때문이었다. 그리고 중국 사상의 원류에 관심을 가진 이유는 그것만을 고수하기 위한 것이 아니었다. 중국의 것과 서양의 것을 융합해야 한다고 생각했고, 그러기 위해서는 중국의 주류 이데올로기와의 결합을 시도하는 것이 당연할 것이기 때문이다. 그리고 중요

---

12 "夫制之所以仁者, 必其民自爲之. 使其民而不自爲, 徒坐待他人之仁我, 不心慙之而 不可得也. 就令得之, 顧其君則誠仁矣, 而制則猶未仁也. 使暴者得而用之, 向之所以爲 吾慈母者, 乃今爲之豺狼可也. 嗚呼! 國之所以常處於安, 民之所以常免於暴者, 亦特制 而已, 非特其人之仁也. 特其欲爲不仁而不可得也, 權在我者也. 使彼而能吾仁, 卽亦可 以吾不仁, 權在彼者也. 在我者, 自由之民也; 在彼者, 所勝之民也. 必在我, 無在彼, 此之謂民權. 彼所勝者, 尙安得有權也哉!" (嚴復 1986, 972)

한 것은 중국의 전통 사상에서 꼭 남겨야 하는 것에 생각했다. 그것은 그는 중국사상의 '정화(精華)'라고 표현했다. 그리고 서양과 다른, 중국적인 것이 무엇인지 생각했다.

량치차오는 이렇게 말하였다.

> 내가 생각하기에 우리 중국철학에서 가장 중요한 문제는 '어떻게 해야 나의 사상과 행위를 나의 생명과 융합하여 하나로 할 수 있는가? 어떻게 해야 나의 생명을 우주와 융합하여 하나로 할 수 있는가?'이다. 이 문제는 유가와 도가가 같이 가진 것이다. 나중에 불교가 수입되는데, 우리가 여전히 이 문제를 연구하는 태도를 가지고 그것을 환영했으므로 중국 색채의 불교를 이루어 냈던 것이다. 이 문제는 정적이고 동적인 두 방면이 있는데, 도가는 정으로부터 들어가고 유가는 동으로부터 진입한다. 도가는 우주에 하나의 정적인 본체가 있으니 우리는 반드시 정적인 공부를 해서 그것과 결합해야 한다고 생각한다. 유가는 도가와 기타 유럽·인도의 여러 철학과 근본적으로 같지 않은 곳이 있다. 그것은 우주에 본체가 있음을 승인하지 않는다는 점이다.
>
> — 梁啓超 1989, 60

량치차오의 말에서 알 수 있듯이, 중국철학은 자신만을 고수하기보다는 나와 남을 융합하고자 해 왔고, 심지어는 나와 우주를 융합하고자 했다. 그것은 곧 모든 것을 포용하여 자기 것으로 만드는 태도를 의미한다. 그것을 통해 '정(靜)'으로 보이는 것이 곧 '동(動)'으로 바뀌고, '동'이었던 것이 '정'으로 변화하면서 새롭게 발전해 왔다. 그 대표적인 예가 중국에 들어온 불교이다. 그리고 근대에는 불교의 자리를 서양철학이 대체한 것이다. 중국철학의 과제는 다시금 새롭게 받아들인 서양철학을 중국철학과 융합시켜야 하는 과제를 갖게 된 것이다. 량치차오는 중국철학을 그대로의 모습대로 지키고자 했던 것이 아니라 서양철학을 통해 새롭게 거듭나게 하고 싶었다. 그리고 그것은 중국인과 중국의 새로운 탈바꿈을 위한 것이었다.

梁啓超,「評胡适之〈中國哲學史大綱〉」,『飮冰室合集・文集』38, 北京: 中華書局, 1989.

梁啟超,『梁啟超全集』第12卷, 北京：北京出版社, 1999.

馬一浮,「泰和宜山會語・楷定國學名義」,『馬一浮集』第1冊, 沈陽: 遼寧教育出版社, 1998.

嚴復,『嚴復集』, 北京: 中華書局, 1986.

王守仁,『傳習錄』.

章太炎,「國學講習會序」, 湯志鈞編,『章太炎年譜長編』上冊, 北京: 中華書局, 1979.

胡適,「發刊宣言」,『國學季刊』, 1923.

민족주의와 타협할 수밖에 없었던 자유주의자 후스

김현주
원광대학교 HK+ 동북아시아인문사회연구소 교수

■ 이 글은 2021년 『인문사회21』에 발표한 「근대 지식인의 자유주의와 민족주의에 대한 중첩적 인식: 후스(胡適)의 자유민족주의를 중심으로」라는 글을 바탕으로 재구성한 것임.

1. 후스는 누구인가?

  중국 근대의 자유주의자가 누구인가라는 질문에 열이면 열 모두 후스라고 답할 정도로 후스(1891~1962)는 근대 중국을 대표하는 자유주의자 중 한 명이다. 근대 중국의 대표적 지식인이면서 자유주의자로 알려진 후스는 1891년 지금의 장쑤성 상하이에서 태어났다. 그는 1904년 상하이에서 신식 학교를 다니기 전까지는 중국의 전통 교육을 받았지만, 후에 서양사상과 문화를 적극적으로 전파하고 선전했다. 또한 그는 미국의 컬럼비아대학에서 스승 존 듀이(John Dewey)에게서 사사한 것으로도 유명하다. 존 듀이는 실용주의 철학의 창시자로, 『경험과 교육』, 『민주주의와 교육』 등을 쓴 교육학자로도 잘 알려진 인물이다. 그런 듀이와의 만남은 후스가 자유주의자가 되는 데 큰 영향을 끼쳤다.

  물론 후스가 자유주의자가 된 것은 듀이를 만나기 이전으로 거슬러 올라간다. 후스의 이름은 원래 후스메이[嗣穈]였는데, 후에 청나라 말기 저명한 사상가였던 옌푸가 번역한 『천연론』을 읽고 "물경천택, 적자생존(物競天擇, 適者生存)"이란 말에 감동을 받아 후스로 개명한 것이었다. 그런데 옌푸는 중국의 제1대 자유주의자로 알려진 인물이다. 옌푸는 전통과 현대의 과도기적 인물로 평가받았기 때문에, 모든 면에서 중국의 현대화가 이루어져야 한다고 생각했던 후스로서는 옌푸의 영향에 대해 그다지 달갑지 않았을 수도 있지만, 근대 중국의 자유주의의 선구자로 알려진 옌푸의 사상이 후스에게 영향을 주었다는 점은 부정할 수 없을 듯하다.

근대 중국에서 사회적 영향력이 컸던 옌푸나 량치차오 같은 이들은 청나라 말기와 중화민국 초기 서구 사상을 적극적으로 배워야 한다고 주장했고, 젊은 지식인들은 이에 많은 영향을 받았다. 후스도 예외는 아니었다. 그리하여 베이징사범대학에서 영문학을 전공한 후스는 미국의 코넬대학 농학과에 진학했다가 다시 문학부에서 수학을 했다. 코넬대학에 있을 때 후스는 세계학생회 회장을 맡기도 했다. 1914년 학부를 졸업하고 1915년 컬럼비아대학 철학과에 입학했다. 후스는 듀이의 지도 아래 「선진제자의 진화론」이라는 논문으로 박사학위를 받았다. 졸업 후 후스는 베이징대학 교수가 되었고, 그 후 천두슈와 함께 신문화운동과 문학혁명을 주도했다. 그는 『신청년』이란 잡지의 편집장을 맡아 민주와 과학을 기치로 내세우며 백화문운동과 신문화운동을 이끌었다. 후스는 대부분의 생애를 교직에 몸담았지만, 1938년에는 중화민국 미국대사를 지내기도 했다. 그러나 1946년에는 다시 베이징대학으로 와서 1946년부터 1948년까지 베이징대학 총장을 역임했다. 1957년에는 대만 중화민국 중앙연구원 원장을 지냈으나, 1962년 갑작스러운 심장병으로 세상을 떠났다. 그의 저작인 『중국철학사대강(中國哲學史大綱)』과 『백화문학사(白話文學史)』는 학술적으로 높이 평가받았지만, 절반만 완성한 것이어서 '반쪽 선생'이란 별명을 얻게 되었다. 그러나 근대 학문 분야에서 그는 부정될 수 없는 중요한 위치를 차지하고 있다.

2. 젊은 시절 후스의 세계주의

오늘날 자유주의자로 알려져 있는 후스는 젊은 시절부터 국가주의(nationalism)에 반대하였다. 그렇다고 그가 국가주의 전반을 반대한 것은 아니었다. 그가 특히 반대한 것은 '편협한' 국가주의였다. 그가 생각하기에 편협한 국가주의를 가진 사람은 대내적으로는 개인보다 국가를 더 중시하고, 대외적으로는 다른 나라보다 자기 나라만을 더 중시하는 경향이 있기 때문이었다. 그리하여 후스는 국가주의를 반대하고 스스로 세계주의자를 자처했다. 유학 시절 대학에서 후스는 다양한 사람들과 사귀었고, 다양한 사회활동에 참여했다. 당시 그는 세계학생회 코넬대학 회장을 맡기도 했다. 이런 경험이 그의 세계주의에 어느 정도 영향을 주었다고 할 수 있다.

이후 1914년 유럽에서 제1차 세계대전이 발발했고, 이로 인해 후스는 세계주의와 국가주의에 대해 더 깊이 생각하게 되었다. 그는 모든 우환이 경쟁적 국가주의에서 비롯된다고 생각했다. 사실 그의 이런 세계주의적 경향은 중국인으로서 어쩌면 당연한 것인지도 모른다. 어린 시절부터 서로 사랑하라고 주장하던 묵자를 좋아하고, 서로 싸우지 말라고 주장하던 노자를 사랑했던 후스로서는 전쟁으로 인한 참상이 보기 힘들었을 것이다.

그런데 1914년 5월 미국과 멕시코 간에 전쟁이 발생했다. 미국이 멕시코 유전지대인 베라쿠르스를 무력으로 점령했다. 스스로 '세계 시민'을 자처하던 후스는 무조건적으로 미국을 지지하던, 그리고 지지해야만 한다고 말하는 사람들을 비판했다. 그가 생각하기에 상식과 정의를 무시하고 자기 나라, 자기 국민만을 편든다면, 그것은 어리석고 편협한 국가주의였기 때문이었다.

제1차 세계대전이 발발하고 일본은 독일에 선전포고를 하였다. 일본의 목표는 독일이 아니었다. 일본은 중국 땅에 독일이 갖고 있던 조차지를 차지하기 위한 것이었다. 독일의 조차지를 점령한 일본은 중국에 '21개조'를 요구했다. 21개조 제1조는 독일이 중국에서 누렸던 모든 권리와 이익을 일본에 이양하는 것이었다. 일본이 중국의 주권을 침해하는 것을 중국 정부가 허가한다는 내용에 대해 알고 난 후 미국에 있었던 중국 유학생들 모두 분개했다. 그들은 함께 일본에 항의하는 시위를 했다. 그런 그들과 달리 후스는 침착했다. 후스는 격분한 그들을 오히려 '애국병(patriotically insane)'에 걸렸다고 비판했다.

오늘날 중국에서도 외국과의 분쟁이 있을 때마다 중국인들이 들고 일어난다. 그런 중국인에 대해서도 후스는 분명 '애국병'에 걸렸다고 할 것이 분명하다. 중국에서도 일부 사람들은 분노로 인해 외국 기업이나 상점들을 공격하는 속칭 애국 청년들을 욕하기도 한다. 말로만 애국, 애국할 뿐 아이폰을 사고, 미국에 유학 가고, 해외여행을 한다고 말이다. 후스는 전쟁에 반대했고, 일본과 전쟁을 해야 한다고 말하는 친구들에게 그렇게 일침을 놓은 것이었다. 그러나 후스의 비판은 오늘날 중국의 애국 청년에 대해 가해지는 비판과는 다른 이유에서였다. 그것은 중국의 전력이 일본에 비해 확연히 떨어지는 상황에서 중국이 일본과 전쟁을 하게 되면 그 결과가 낙관적일 수 없었기 때문이었다. "질 줄 뻔히 알고 싸우는 것이 과연 용감한 것인가, 영웅이 되기 위해 모든 것을 희생해야 하는가"라고 후스는 따져 물었다. 그러나 그런 냉정하고 이성적인 후스의 태도는 그들에게 오히려 더 병적으로 보였다. 친구들은 그를 매국노라고 욕했다.

그런 친구들의 비난에도 후스의 태도는 변하지 않았다. 후스가 친구들에게 조국이나 민족을 버리라고 요구한 것은 아니었다. 단지 조금 더 냉정하게 사태를 파악하고 이성적으로 행동해야 한다고 요구했을 따름이다. 이것은 후스의 평화주의와 비저항주의에 근거한 것이었다. 이런 생각은 한편으로는 묵자나 노자를 비롯한 중국의 전통적 평화 사상의 영향이기도 했지만, 다른 한편으로는 스승 듀이의 영향이기도 했다.

듀이는 '신평화주의'를 주장했는데, 이것은 개별 국가가 다른 국가에 개별적으로 무력을 사용하는 것에 반대하고, 집단적 힘를 통해 평화적으로 문제를 해결하자는 주장이었다. 또한 듀이는 평화를 위해 단순히 전쟁을 방지하는 것에 그치지 않고, 전쟁의 근본적 원인을 없애야 한다고 생각했다. 그것을 위해서 각 국가 내에서는 사회적 정의와 경제적 평등이 실현되어야 하고, 국가 간에는 연대가 강화되어야 한다고 생각했다. 이런 생각이 후스의 '세계적 국가주의'에 영향을 주었다. 후스의 '세계적 국가주의'는 중국의 전통 사상과 함께 서구의 자유주의와 국가주의가 결합된 것이었다(羅志田 1996).

유학 시절 후스는 '세계주의'에 대한 생각을 자신의 일기에 적었다.

나는 올해 1월 세계주의에 대해 연설을 하였다. 오늘날의 세계주의는 고대의 키니코스학파(Cynics)나 스토아학파(Stoics)(견유학파와 금욕파) 철학자들이 가졌던 학설이다. 그들은 세계가 있다는 것만 알았지 국가가 있다는 것을 몰랐다. 심지어 국가를 매우 싫어한 학설이었다. 그들은 세계인(a citizen of the world)이라고 생각했지, 어떤 나라의 사람이라고 생각하지 않았다. 오늘날의 사람들이 갖고 있는 세계주의는 그것과 매우 다르다. 오늘날 조금만 지식이 있는 사람이라면 애국을 모르는 이가 없다. 그러므로 나의 세계주의를 말하자면, '세계주의란, 애국주의를 인도주의로 부드럽게 만든 것이다.' 테니슨의 시 'Hands All Round'에서 말하기를: That man's the best cosmopolite / Who loves his native country best(그 나라를 가장 진실 되게 사랑하는 자가 진정한 세계의 공민이다). 그 말은 내 생각과 맞아떨어져 매우 기쁘다. 그래서 그것을 적는다.

— 胡適 2003, 239~240, 김현주 2021 재인용

후스는 이렇듯 세계주의와 국가주의 모두가 필요하다고 보았다. 하지만 국가주의는 좀 더 신중하게 주장되어야 한다는 입장이었다. 후스는 배타적 민족주의와 포용적 민족주의를 구분하고, 전자는 부정하고, 후자를 긍정했다. 후스에게 있어서 포용적 민족주의만이 '애국주의'로 여겨

졌다. 지나친 국가주의, 편협한 국가주의는 진정으로 나라를 사랑하는 것이 아니라고 보았기 때문이다. 그리고 지나친 국가주의와 편협한 국가주의는 다른 나라와 공존하는 것이 아니라 그들을 이기고 앞지르는 것으로(羅志田 1996), 결국은 갈등을 야기하고 심지어는 전쟁을 초래한다고 보았다.

그래서 후스는 자신을 '극단적 평화주의자'라는 이름으로 불렀다. 이것은 묵자와 노자 사상의 영향이었다. 묵자는 '비공(非攻)'과 '겸애(兼愛)'를 주장한 중국 고대의 사상가이다. 묵자의 사상을 쉽게 요약하자면 서로 싸우지 말고, 사랑하라는 것이다. 묵자는 춘추전국시대 영토를 놓고 제후들끼리 전쟁을 벌이는 것을 비판하고, 그러한 싸움이 누구에게도 이익이 되지 않고, 오히려 모두에게 손해가 될 뿐이라고 주장했다. 그리고 오히려 전쟁을 하지 않고, 이익을 나누는 편이 서로에게 이익이 된다고 말이다. 훗날 베이징대학 교수가 된 후스는 철학과 수업에서 묵자가 생각만 그렇게 한 것이 아니라 행동으로 직접 옮긴 사람이라고 강조하며 묵자의 생각을 지지했다.

후스가 묵자만큼 좋아한 사상가는 노자였다. 후스는 노자를 중국철학의 시조라고 평가했다. 후스가 특히 마음에 들었던 것은 노자의 '비저항주의[不爭]'였다(胡適·唐德剛 1989, 65). 어렸을 적부터 노자를 좋아했던 후스는 『노자』에 나온 '자승자강(自勝者強)'이라는 문구를 따라서 자신의 책에 자기 이름을 '자승자생(自勝者生)'이라 적어 놓았을 정도였다(胡適 2013). 후스가 묵자나 노자에게서 발견한 것은 이렇듯 자유주의적 일면이었다. 이런 이유로 우리는 후스를 근대 대표적인 자유주의자라고 부르는 것이다.

3. 자유주의자 후스

후스는 스스로도 자신을 자유주의자라고 여겼다. 후스를 연구하는 대부분의 학자들도 후스가 자유주의자라는 점에 대해서는 이견이 없다. 그러나 후스 자신은 자유주의에 대한 책을 쓰지는 않았다. 그것은 그가 자유주의를 학문적으로 연구하지는 않았기 때문이다. 그런 이유로 후스가 자유주의를 어떻게 생각했는지 구체적으로 알 수 없다. 하지만 후스가 몇몇 글이나 언론에서 자유주의에 대해 얘기했기 때문에 그것으로 그의 자유주의를 조금은 이해할 수 있을듯하다.

후스는 한 라디오 방송에서 자유주의를 이렇게 설명했다.

> '자유주의'에는 여러 견해가 있을 수 있다. 사람들은 모두 자신의 '자유주의'가 진짜라고 할 수 있다. 오늘 내가 말하는 '자유주의'는 당연히 나의 견해일 뿐이므로, 여러분의 가르침을 받고자 한다. 자유주의의 가장 간명한 뜻은 자유에 대한 존중을 강조하는 것이다. … 라는 것이 내 졸견이다. '자유주의'는 인류 역사상 자유를 주장하고, 자유를 숭배하고, 자유를 쟁취하고자 하며, 자유를 충실히 하고 넓히고자 하는 대운동이다.
>
> — 胡適 2003, 733, 김현주 2021 재인용

후스가 생각하는 자유주의는 그리 어려운 것이 아니었다. 그에게 자

유주의는 "자유에 대한 존중"을 의미하는 것이었다. 후스가 생각하기에 인류는 자유를 얻기 위해 싸워 왔다. 후스는 자유주의가 싸우며 얻고자 한 것은 구체적으로 네 가지라고 생각했다. 첫째는 당연히 자유이다. 둘째는 민주이다. 셋째는 관용이다. 넷째는 점진적 개혁이다. 앞의 두 가지 자유와 민주는 후스에게 무척 중요했다. 옌푸는 "자유를 체(體)로, 민주를 용(用)"이라는 말을 했었다. 그것은 자유가 가장 본질적인 가치이고, 그것을 이룰 수 있는 수단적 가치가 바로 민주라는 의미이다. 자유를 얻기 위해 민주가 필요하고, 민주가 이루어지면 자유가 실현된다고 본 것이다. 후스 또한 자유와 민주는 떼려야 뗄 수 없는 사이라고 생각했다. 그리고 자유와 민주는 관용정신과 점진적 개혁으로 이루어질 수 있다고 보았다.

이런 후스의 생각에 영향을 준 것은 듀이이다. 듀이의 자유주의를 '신자유주의'라고 하는데, 그것은 고전적 자유주의와는 성격이 다르기 때문이다. 고전적 자유주의는 자유방임적이고, 개인주의적인 성격이 강하다. 고전적 자유주의자로 존 로크나 애덤 스미스 같은 이들이 얘기되는데, 이들은 정부나 국가로부터 강제나 속박에서 벗어나 개인이 최대한 자유를 얻어야 한다고 생각했던 이들이다. 그런데 시대가 변함에 따라 정부나 국가가 해야 할 일이 점차 늘어났고, 무제한적 자유를 주장할 수 없게 되었다. 자유주의의 고향인 영국에서 사회복지와 시장에 대한 제약을 위해 자유에 대한 어느 정도의 제한을 인정하게 되었다. 이렇게 생겨난 것이 신자유주의이다. 신자유주의자인 듀이는 자유와 민주주의와 같은 가치가 개인적인 것이 아니라 사회적인 것이라고 보았다(Dewey 2008, 299). 그리하여 신자유주의는 사회적 자유주의라고도 불린다. 이렇듯 개인만큼 사회가 강조된 신자유주의는 후스의 자유주의에 영향을 주었다.

그러나 후스를 자유주의자라고 분명하게 말할 수 있는 것은 그가 사회의 출발점이 개인이라고 본 점 때문이다(胡適 1918). 그는 "사회와 국가에 자유롭고 독립적인 인격이 없다면, 술에 누룩이 없고, 빵에 효모가 없고, 사람에게 뇌가 없는 것과 같다; 그런 사회와 국가는 개량되고 진보할 희망도 없다"(胡適 1918, 김현주 2021 재인용)고 생각했다. 개인의 자유를 얘기하면서도 사회나 국가를 생각하지 않을 수 없었던 후스의 자유주의는 소극적 자유주의에서 적극적 자유주의로 전환하게 된다. 그것은 과거에는 정치를 얘기하고 싶어 하지 않던 그를 정치에 적극적이도록 변화시켰다. 정치에 대한 관심과 참여는 근대 중국에서 나라와 민족을 사랑하는 지식인에게는 어쩌면 당연한 일이라고 할 수 있다.

그리하여 후스는 1920년 8월 1일 『신보(晨報)』에서 장멍린[蔣夢麟], 타오멍허[陶孟和] 등 다른 자유주의자들과 함께 "자유를 쟁취하기 위한 선언"을 발표했다.

> 우리는 원래 실제 정치를 얘기하고 싶지 않았다. 그러나 실제 정치가 한순간도 우리를 놓아주지 않았다. … 우리는 인류의 자유의 역사를 믿는다. 어떤 나라도 인민이 한 방울의 피와 땀을 흘리지 않고 얻어지지 않았다.
>
> — 김현주 2021 재인용

자유주의를 학설, 이데올로기, 운동으로 이해하던 후스는 자유는 쟁취

되어야 한다고 생각했다. 그는 자유를 계급도 신분도 모두 초월한 보편적인 가치라고 보았다. 물론 그가 생각했던 자유는 듀이를 비롯한 서구 자유주의자들의 자유와 같은 것이라고 볼 수는 없었다. 그가 신자유주의를 받아들인 것도 중국적 가치와 잘 맞기 때문이었다. 중국의 전통 사상은 '개인적'이라기보다는 '사회적'인 면이 강했고, 그것은 고전적 자유주의보다는 신자유주의에 더 가까웠다. 이런 후스의 자유주의적 성격을 감안하면, 그의 자유주의가 후에 민족주의와 결합하는 것은 어쩌면 당연한 수순일 수 있다.

4. 신문화운동과 후스

후스는 천두슈, 루쉰, 첸쉬안퉁[錢玄同] 등 다른 자유주의자들과 함께 오사신문화운동을 일으켰다. 이것은 '반전통', '반유교'를 주장하는 사상혁명 또는 문화혁명이라고 불린다. 신문화운동은 1917년부터 1919년까지 활발하게 전개되었던 계몽운동이다.

신문화운동의 대표적인 구호는 민주와 과학이었다. 천두슈는 민주와 과학이라는 개념이 생소했던 중국인들이 보다 그 개념을 쉽게 받아들일 수 있도록 의인화한 명칭을 만들었다. 민주는 영어 'democracy'의 발음을 따라 '더[德] 선생이라고 불렀고, 과학은 영어 'science'의 발음을 따라 '싸이[賽] 선생이라 불렀다. 그리고 중국인들에게 더 선생과 싸이 선생을 배워야 한다고 주장했다. 민주와 과학을 중국 사회에 보급하여 낡은 도덕과 낡은 문화에서 벗어나 새로운 도덕과 새로운 문화가 형성되기를 원했기 때문이다.

1917년 1월 『신청년』이라는 잡지에서 발표한 후스의 글은 신문화운동의 신호탄이 되었다. 그 글의 제목은 "문학 개량에 대한 소견[文學改良芻議]"이었다. 후스가 문학 개량을 주장한 이유는 사람들의 생각을 바꾸기 위해서는 우선 어려운 글쓰기부터 손을 써야 한다고 생각했기 때문이다. 이렇게 시작된 문학혁명은 사회의 반향을 일으켰다. 백화문은 이렇게 중국 사회에 보급되었다. 후스는 중국 사회를 바꾸기 위해 글이 보급되어야 한다고 생각했다. 그런데 이전과 달리 쉽게 글을 쓰지 않는다면 일반 대중은 쉽게 읽을 수 없었다.

자유주의의 출발점은 개인이다. 자유주의의 성공을 위해서는 스스로가 권리를 가진 개인이라는 의식이 사회 구성원들에게 보급되어야 했다. 문자는 단순히 글을 쓰는 도구가 아니었다. 그것은 사람들의 생각을 바꿀 수 있는 무기였다. 이렇듯 대중을 계몽시키기 위해 백화문운동이 전개되었다. 서구에서 르네상스 시기 개인의 주체 의식이 활발하게 생겨났듯이, 그렇게 해서 자유와 인권에 대한 의식이 싹텄듯이, 신문화운동 시기 중국에서도 개인, 자유, 인권에 대한 생각이 널리 퍼지기 시작했다.

백화문의 보급으로 더 많은 사람들이 글을 읽을 수 있게 되었다. 백화문으로 쓰인 글들은 새로운 사상과 관념을 사람들에게 알려주었다. 『신청년』 잡지는 그것을 위한 주요한 매개체였다. 루쉰의 『광인일기』(1918)도 『신청년』에서 발표되었다. 백화문으로 써진 『광인일기』는 봉건적 도덕과 윤리가 잘못된 것이라는 사람들에게 일깨워 주었다. 『신청년』 이후 백화문으로 써진 출판물이 중국 전역을 휩쓸었다.

아이러니하게도, 자유와 민주를 알려주기 위해 백화문운동을 벌였는데, 그로 인해 민족의식과 국가 의식이 더 강화되었다는 점이다. 그것에는 위기가 한몫을 했다. 중국 내부의 분열과 외부로부터의 침입으로 위기가 겹겹이 존재했다. 자유주의자뿐만 아니라 보수주의자도, 사회주의자도, 국가주의자도 누구나 백화문을 통해 자신의 사상을 선전했다. 후스는 백화문을 통해 개인을 계몽해서 그들이 자유주의를 선택하기를 원했지만, 그가 뜻하는 대로 되지 않았다. 국가의 위기 속에서 자유주의자들마저 개인인가, 사회인가, 국가인가 셋 중의 하나를 선택해야만 하는 기로에 놓이게 되었다.

1930년대부터 1940년대가 중국에서 자유주의의 전성기라고 불리지만, 지식인들에게만 그렇다고 할 수 있고, 일반 대중에게는 설득력이 없었다. 국민당과 공산당의 대립이 심화되면서, 자유주의는 국민당을 대표하는 사상으로, 사회주의는 공산당을 대표하는 사상으로 낙인찍혔다. 그런데 국민당 정권이 부패하면서 자유주의도 대중의 외면을 받게 되었다. 후스는 자유주의가 도구화되는 것을 원하지 않았고, 그래서 정치와 거리를 두고자 했지만 그의 뜻대로 되지 않았다.

5. 자유주의적 민족주의자가 된 후스

정치에 관심이 없었던 것은 아니지만 학자이며 교육자로서 정치보다는 학문과 교육에 전념하던 후스가 정치에 적극적으로 참여하게 된 계기는 바로 만주사변이었다. 1931년 9월 18일 만주사변이 발생한 이후 평화주의자이며 자유주의자인 후스는 현실을 외면할 수 없었다. 물론 후스는 언제나 남들과 다르게 침착함과 냉정함을 잃지 않았다. 또한 그의 원래 소신대로 평화주의적이며 국제적인 중재를 통해서 분쟁을 해결하기를 원했다. 이런 그의 태도에 대해 주위 사람들은 그를 비난했다. 일본군이 중국의 선양을 무력으로 침공한 마당에 평화적 해결을 하자는 것은 허무맹랑한 얘기라고 생각했기 때문이었다(傅斯年 1932).

어찌 되었든 국가의 위기가 불거진 상황에서 후스 또한 국가를 지켜내는 방법을 생각할 수밖에 없었다. 그 방법으로 후스는 현대국가의 건설, 민족국가의 건설을 얘기하기 시작했다. 물론 자유주의를 포기할 수 없었던 후스는 계속해서 자유와 민주만이 제대로 된 문명사회를 만들 수 있도록 해 준다고 주장했지만(胡適 1947), 그런 그마저 시대적 상황을 외면할 수는 없었다.

민족주의적 성향이 강해지면 강해질수록 중국 전통에 대한 후스의 사랑도 커졌다. 그는 점점 더 중국 전통 속에서 자유주의 전통을 찾았다. 현실에서 자유를 얘기할 수 없는 상황이었고, 그런 만큼 전통 속에서라도 자유를 찾고자 했는지 모를 일이다. 그런데 '자유'라는 개념도, '자유주의'도 중국의 전통에서는 찾기 힘든 일일 수밖에 없다. 자유주의는 분명 서구적 전통에서 탄생한 것이었기 때문이다. 그러나 후스는 자유를 정신적으로 이해하고, 그런 정신적 자유의 단서를 중국 전통에서 찾았다.

동양에서는 영어 'freedom'을 한자로 '자유(自由)'라고 번역해서 사용했다. 그렇다고 영어인 'freedom'과 한자인 '自由'가 같다고 할 수는 없다. 게다가 고대 중국에서 사용되던 '자유'라는 개념이 'freedom'의 번역어로 사용된 '자유'와 같다고 한다면, 그것은 더더군다나 어불성설일 것이다. 그런데도 후스는 고대 중국에서 사용되던 자유가 "스스로 주인이 된다"라는 의미로, 이것이 고대 중국에서도 자유에 대한 이상이 존재했다는 것을 의미한다고 보았다(胡適 1998, 682). 사실 이것은 후스가 자유를 '정신적'인 것으로 이해했기 때문이었다. 자유는 소극적 자유와 적극적 자유로 나눌 수 있는데, 이때 소극적 자유는 자유를 행하는 데 외부로부터 방해를 받지 않는 것을 말한다. 그런데 후스는 소극적 자유를 정신적인 속박에서 벗어나는 것이라 이해했다(胡適 2001, 694). 그렇게 자유를 이해한다면, 중국의 전통 속에서 자유의 요소를 찾는 것은 어렵지 않다.

이렇게 자유에 대한 이해에 있어서 후스의 전통 사랑이 깊어지는 만큼 중국이라는 국가와 중국인이라는 민족에 대한 사랑도 깊어졌다. 전통을 사랑하게 되었기 때문에 국가나 민족을 사랑하게 된 것인지, 원래부터 국가나 민족을 사랑했기 때문에 전통을 사랑하게 된 것인지 알 수 없다. 그러나 어쨌든 후스는 중국 것은 버리고 서양 것만 받아들여야 한다고 주장했던 과거의 입장을 버리고 고대 중국은 위대한 문명이었다거나, 중국 사상 자체가 '자유'라고 주장하기에 이르렀다(胡適 1942).

그 후 후스는 중국이 통일된 민족국가를 건설해야 한다고 생각했고, 그것을 위해서는 교육이나 신문을 통해서 민족 관념이나 국가 관념을 가르쳐서 '정치적 통일'을 실현해야 한다고 보았다. 자유주의자라는 꼬리표가 없었다면, 후스의 이런 주장은 누가 봐도 민족주의자가 할 법한 애기였다. 후스가 이런 얘기를 할 때, 중국에서 누구나 민족이나 국가를 얘기했다. 그때 정치적 사상이나 입장은 관계없었다. 자유주의자든, 보수주의자든, 민족주의자든, 공산주의자든 하나같이 힘을 합쳐서 외세를 물리쳐야 한다고 생각했기 때문이다.

물론 자유주의자로서 후스는 민족주의자가 되었다는 것이 명백한 순간에도 자유주의를 포기하지는 않았다. 자유주의도, 민족주의도 포기할 수 없었기 때문에 자유주의적 민족주의자가 될 수밖에 없었다. '자유주의적' 민족주의자로서, 후스는 그래도 배타적 민족주의자만큼은 되고 싶지 않았다. 그는 다른 나라, 다른 민족은 모두 싫다, 모두 틀리다고 말하고 싶지 않았다. 그런 민족주의를 "가장 천박"하다고 생각했다(胡適 1935). 그런데 민족주의자로서 다른 민족을 인정하고 포용하는 것은 어려운 일이다. 그래도 그는 그 어려운 길을 가고자 했다. 그리고 갈 수밖에 없었다. 중국의 위급한 상황이 자유주의를 주장하기에는 적합하지 않았기 때문이다. 그렇다고 해서 자유주의를 포기하고 싶지도 않았기 때문이다. 그러나 국가가 위기에 처한 상황에서 세계주의나 자유주의를 외칠 수는 없었다. 뼛속까지 중국인임을 부정할 수는 없었지만, 그래도 후스는 자유, 민주, 인권이 중국에서 실현되기를 바랐다.

이렇듯 후스는 자유주의와 민족주의 사이에서 갈등했다. 그것은 후스뿐만 아니라 근대 중국을 살았던 모든 자유주의자들의 내적 갈등이었다. 그런 갈등은 현대를 사는 우리도 겪는 문제이다. 자유와 평등, 자유와 민주, 그리고 개인과 국가, 등은 지금의 우리에게 전혀 대립되지 않는 개념들로 보이지만, 사실 서로 상충하는 개념들이다. 상충하고 갈등적인 개넘들을 장소와 시간에 맞게 잘 타협시키는 것이 바로 정치이다. 어떤 경우에는 자유를 양보하고, 어떤 경우에는 평등을 양보하며, 어떤 경우에는 개인을 양보하고, 어떤 경우에는 사회나 국가를 양보하면서 조율하는 것이 정치의 몫이다. 그런 만큼 자유주의자로서 정치를 얘기하지 않으려고 했던 후스의 선택은 잘못된 선택이었다. 자유나 민주를 실현하고자 했다면, 더 적극적으로 그것을 주장했어야 했다. 그러나 '극단적 평화주의자'였던 그는 마찰과 갈등을 싫어했다. 그래서 더 정치를 외면했고, 그 결과 자유나 민주에 대해 더 많은 양보를 해야 하는 상황에 이르렀다.

그의 자유주의자 친구들은 국가가 위기에 처하자 점점 자유에서 멀어졌고, 심지어는 '전제(專制)'와 '독재(獨裁)'를 옹호하게 되었다. 그들은 적을 이기기 위해서는 내부의 결속을 다져야 하고, 더 빨리 효과적으로 강하고 부유한 나라를 건설해야 한다고 생각했기 때문이었다. 한때는 자유주의자였던 이들이 일부는 국가주의자로, 일부는 사회주의자로 전향했다. 그래도 후스는 흔들리지 않았다. 그러한 후스의 신념에 의해 실패했다고 평가되는(Grieder 1981) 중국 근대 자유주의의 명맥이 유지되었다.

김현주, 「근대 지식인의 자유주의와 민족주의에 대한 중첩적 인식: 후스(胡適)의 자유민
　　족주의를 중심으로」, 『인문사회 21』, 12(4), 775~790, 2021.

Dewey, J., "Democracy and Education in the World of Today," *The Later Works 13*,
　　Carbondale: Southern Illinois University Press, 2008.

Grieder, Jerome. B., *Intellectuals and The State in Modern China: A Narrative History*, New
　　York: The Free Press, 1981.

羅志田, 「胡適世界主義思想中的民族主義關懷」, 『近代史研究』 1, 1996, 216~241.

傅斯年, 「日寇與熱河平津」, 『獨立評論』 第13號, 1932.

胡適, 「易蔔生主義」, 『新青年』 第4卷 第6號, 1918.

＿＿, 「中國思想史綱要」, 『亞細亞雜志』, 1942.

＿＿, 「我們必須選擇我們的方向」, 『大公報』 第42卷 第10期, 1947.

＿＿, 『胡適文集』, 北京: 北京大學出版社, 1998.

＿＿, 『胡適日記全編 1931~1937』, 安徽: 安徽教育出版社, 2001.

＿＿, 「留學日記」, 『胡適全集』 第27卷, 合肥: 安徽教育出版社, 2003.

＿＿, 『四十自述, 在上海(二)』, 北京: 華文出版社, 2013.

胡適·唐德剛, 『胡適口述自傳』, 北京: 華文出版社, 1989.

중국식 민족주의를 탄생시킨
쑨원

김현주

원광대학교 HK+ 동북아시아인문사회연구소 교수

1. 쑨원은 누구인가?

쑨원(1866~1925)은 중국에서는 민족의 영웅이며, 애국주의자, 그리고 중국 민주혁명의 위대한 선구자라고 불린다. 그리고 지금은 국부, 즉 나라의 아버지로 칭송되는 사람이다. 중국에서 존경하는 인물이 누구인가에 대해 설문 조사를 하면 항상 10위 안에 드는 인물로, 중국인들에게 무척 사랑받는 인물이다. 한국인들이 세종대왕, 이순신 좋아하듯 말이다. 그래서 드라마나 영화의 단골 주인공이기도 하다. 쑨원은 1866년 11월 12일 광동성, 지금의 중산에서 태어났다. 원래 의사였던 쑨원은 민족의 위기를 목격하고 의사로서의 길을 버리고 혁명에 뛰어들었다. 젊은 시절에는 다들 혁명가라고 하듯, 쑨원도 예외는 아니었던 셈이다.

쑨원이 혁명가라고 한들 처음부터 혁명을 일으키려고 생각했던 것은 아니다. 청년 쑨원은 나라의 위기를 보고 마음이 조급해졌다. 그래서 태평천국의 난을 평정해서 정권을 잡고 휘두르던 당대의 재상 이홍장(李鴻章)에게 상서를 올렸다.

유럽이 부강한 근본적 이유는 견고한 배와 강력한 대포, 견고한 요새와 강력한 군대에 있는 것뿐만 아니라, 사람의 재능이 최대한 잘 발휘되도록 하고, 땅이 최대한 많은 이익을 낼 수 있도록 하며, 재물을 최대한 잘 쓰고, 재화는 잘 유통될 수 있도록 하는 데 있습니다.[1]

쑨원은 인재, 지리, 재물, 재화, 이 네 가지를 잘 다루는 것이야말로 부국강병의 근본이라고 본 것이다. 그런데 리훙장이 누구인가? 그런 리훙장은 정치 경험도 없고, 이름도 알려지지 않은 쑨원의 말에 답하지 않았다. 쑨원이 하는 말이 다 옳다고는 하지만, 그걸 리훙장이라고 모를 리 없었을 것이다. 하지만 이때만 해도 쑨원은 청나라가 다시 강해질 수 있다고 믿었지만, 자신의 상서가 소용이 없자, 곧 깨달았다. 청나라는 희망이 없다고 생각하게 된 것이다. 그래서 반청으로 돌아서서 혁명을 꾀하게 되었다.

그리하여 그는 1894년 흥중회를 세웠고, 1905년에는 중국동맹회를 세웠다. 이것이 나중에 국민당이 되어 중화민국을 이끌게 된다. 우여곡절 끝에 신해혁명이 성공하고, 쑨원은 신해혁명 이후에 중화민국 임시 총통이 되었다.

국민당의 전신이라고 할 수 있는 흥중회에서 쑨원은 다음과 같이 선언하였다.

---

1 孫中山, 『孫中山全集』 第1卷, 北京: 中華書局, 1981, 8.

중국이 약해진 것이 하루 이틀 일은 아니다! 위는 옛것을 그대로 따르며 구차하게 살았고, 겉으로만 번지르르하게 꾸몄다; 아래는 무지몽매하여, 멀리 내다보지를 못했다. 가깝게는 나라를 욕되게 하고 군대를 잃었고, 번국을 잃고 국경에까지 쳐들어와서, 당당했던 화하가 여러 나라만 못하게 되었고, 문물과 제도가 이민족에게 업신여김을 당했으니, 뜻있는 선비가 개탄하지 않을 수 있겠는가! 무릇 4억이나 되는 무리에, 수만 리 넓은 땅에, 참으로 분발할 수 있는 영웅이 있으니, 천하에 무적이었다. 이에 비천한 자가 나라를 그릇되게 하고, 백성을 해치니, 쓰러져 일어나지 못하게 된 것이 이처럼 심각해졌다. 오늘날 강한 이웃들이 둘러싸고, 호시탐탐 노리고 있다. 중화의 풍부한 광물, 넉넉한 산물에 오랫동안 침을 흘리고, 삼키려고 들며, 이제 너도나도 그러고 있다; 그런데 사분오열 되어, 참으로 앞날이 걱정된다. 생각이 있는 사람이라면 크게 소리 질러, 수재와 화재에서 그 백성을 구하고, 쓰러지는 중국을 반드시 세우고자 할 수밖에 없다. 특별히 무리를 모아 중국을 흥하게 하고, 현명하고 용감한 사람들과 힘을 합쳐 함께 도모하여, 지금의 어려움을 밝히고, 우리 중화를 세우고자 한다.[2]

쑨원은 중국을 삼키려는 열강들의 침략에 맞서고 백성을 구하기 위해서는 중화를 다시 세워야 한다고 생각했다. 그가 혁명을 일으킨 이유는 물론 청나라 정부가 부패하고 무능한 것도 있겠지만, 이민족의 침략으로

---

[2] 위의 책, 19.

부터 중국을 지켜주지 못한 데서 오는 분노가 더 컸다. 인구가 4억이 넘는데, 수천 명밖에 안 되는 군대에 무참히 져 버렸으니, 얼마나 화가 났겠는가? 쑨원은 아주 어려서 미국 이민을 가서, 하와이에서 살았다. 그는 줄곧 미국에서 공부했기 때문에, 중국이 얼마나 낙후되어 있었는가도 잘 알았다. 200여 년이 넘게 중국을 다스린 만주족 정부인 청에 화가 나는 것은 너무나 당연한 듯싶다. 그렇게 그는 혁명을 선택했고, 혁명을 통해 현대적인 국가를 세우고 싶었다.

2. 쑨원의 초기 민족주의

쑨원이 정치적으로 추구한 원칙을 삼민주의라고 한다. 그는 항상 삼민주의를 실현해야 한다고 강조했다. 그것은 민족주의, 민권주의, 민생주의 세 가지를 이르는 말이다. 그래서 그를 민족주의자, 민권주의자, 민생주의라고 부른다. 그러나 그중에서도 반드시 하나를 골라 그를 부르고자 한다면, 민족주의자라고 할 수 있다.

보통 우리가 민족주의라고 하는 말은 영어 'nationalism'을 번역한 것이다. 내셔널리즘은 근대 내이션(nation)의 등장과 함께 탄생했기 때문에 근대의 산물이라고 할 수 있다. 역사는 짧은 편이지만, 그것을 해석하는 시각은 다양하다. 크게는 'nation'을 어떻게 보는가에 따라 달라진다. 그것을 시민이라고 본다면 'civic nationalism', 즉 시민 민족주의라고 부르고, 그것을 어떤 민족 또는 종족이라고 본다면, 'ethnic nationalism', 즉 인종적 민족주의라고 부른다. 그런 다양한 해석이 'nationalism'을 한자로 번역할 때에도 반영되었다. 각자의 해석에 따라, 중국을 연구하는 학자들은 그것을 국가주의, 민족주의, 국민주의로 각기 다르게 번역했다. 이와 상응하여 '독립'이라는 말도, 국가의 독립, 민족의 독립, 국민의 독립 세 가지로 해석된다. 쑨원은 그 모든 해석을 다 보여 준 사람이라고 할 수 있다. 그것은 그의 생각이 상황이 변함에 따라 조금씩 변했기 때문이다.

독립 개념을 가지고 쑨원의 혁명 일생을 나누면, 1895년부터 1911년까지를 '종족 독립'과 '국가 독립'을 주장한 시기로, 1912년부터 1919년까지를 '국민국가' 관념에서 '민족국가' 관념으로 전환한 시기로, 1919년부터 1923년까지를 국가주의로 전환하여 '국가 독립'을 주장한 시기로, 그리고 1924년부터 1925년까지를 국가 독립과 민족 독립을 함께 주장한 시기로 나눌 수 있다(毛必祥 2019).

첫 번째 시기(1895~1911)에는, 종족 독립이 군중을 동원하여 혁명을 성공시키기 위한 구호로 사용되었던 시기이다. 그러나 그것은 구호일 뿐 국가 독립이야말로 진정한 목적이었다. 그것은 그가 쓴 글들[「농공(農功)」(1891), 「상이홍장서(上李鴻章書)」(1894), 「흥중회장정(興中會章程)」(1894)]에 분명하게 나타난다. 특히 쑨원이 조직했던 흥중회는 "중화를 부흥시켜, 위기를 극복하자[振興中華, 挽救危局]"는 것을 종지(宗旨)로 삼았다. 중화라는 것은 한족을 의미한다. 청나라에 반기를 들면서 쑨원은 한족의 나라를 세워야 한다고 생각했기 때문이다. 그래서 그는 "오랑캐를 몰아내고, 중국을 회복하여, 공화정부를 세우자"고 비밀리에 맹세했다(桑兵 2017, 81~82).

두 번째 시기(1912~1919)는 중국이 독립되지 못한 시기로, 국가의 독립이 국민의 독립보다 중시되던 시기이다. 1911년 신해혁명으로 청나라가 무너지고 중화민국이 세워졌지만, 중국이라는 나라는 외세와 군벌들에 의해 갈기갈기 찢어진 상태였다. 그야말로 혼란 그 자체였다. 이런 혼란한 시기에는 사람들을 통일적으로 이끌 필요가 있었다. 그래서 쑨원은 이 시기에 바로 '훈정(訓政)'을 주장했다. 훈정이란, 아직 국민이 진정한 민주주의를 실현하기에 준비되지 못한 상태이니 가르칠 필요가 있다는 의미인 셈이다. 훈정을 하다가 때가 무르익으면 그때 비로소 헌법에 따라 다스리는 '헌정'을 하겠다고 약속했다. 이때는 국가의 통일이 무엇보다 중요한 시기라고 여겨졌기 때문이다. 1917년 「중국 존망의 문제」라는 글에서 쑨원은 국민의 독립을 주장하기도 했지만, 1914년 이후 국민국가를 얘기하기보다는 국민을 더 단결시키기 위한 민족국가 개념을 더 많이 얘기했다.

세 번째 시기 초반(1919~1923) 쑨원은 대중화 민족, 하나의 민족, 하나의 국가를 주장하였다. 오늘날 중화민족이 중국의 구호가 된 것에는 쑨원의 영향이 크다고 할 수 있다. 그래서 오늘날 중국에서도 쑨원의 인기가 여전한 것이다. 그러나 후반(1924~1925)에 이르면, 국가 독립과 민족 독립 개념을 함께 사용하였다. 소련의 영향으로 세계주의를 얘기한 적도 있지만, 국가주의를 버리지는 못하였다.

쑨원 민족주의의 첫 번째 단계는 종족혁명을 부르짖던 시기였다. 그가 종족혁명을 부르짖었던 이유는 무엇보다도 국가 독립을 위해서였다. 그래서 종족의 독립과 국가의 독립을 함께 주장했던 것이다. 이때까지만 해도 그는 "오랑캐를 몰아내고 중화를 회복하자"는 생각을 포기하지 못했다. 그는 계속해서 "우리 전체 한족이 오직 혁명의 결심을 품고, 분발하여 힘차게 오랑캐를 쫓아내고, 국토를 수복하고, 이미 잃어버린 주권을 되찾고, 독립의 기초를 세워야만, 중국을 구할 수 있다"(陳錫祺 1991, 46~47)고 외쳤다. 그의 말에서 우리는 '국가 독립'이 종족혁명의 목표라는 것을 알 수 있다. 그리고 그는 「나의 회상(我的回憶)」이라는 글에서 그것이 어떤 것인지 더 구체적으로 표현했다. "새롭고, 개명되고 진보적인 정부"를 만들어 "옛 정부를 대체해야 한다"고 하면서, 그 목표를 실현해야만, "중국은 스스로 곤경에서 벗어날 뿐만 아니라, 다른 나라도 구할 수 있고, 그 독립과 영토의 완전성을 지킬 수 있다"[3]고 말이다. 그런 목표를 가지고 그는 중화민국이라는 새로운 공화국의 임시 총통이 되었다.

1912년 1월 1일 난징[南京] 임시정부가 수립되었다. 그러나 남북의 군벌은 여전히 대립하는 상태였다. 쑨원은 중국인의 단결을 부르짖으며, 그것이 오랑캐로부터 나라를 찾는 길이라고 강조했다.[4] 쑨원은 반만 민족주의를 민족혁명이라고 생각하였고, 동시에 황제를 중심으로 한 정치제도를 전복시킨 정치혁명이라고 보았다. 즉 민주입헌제도를 성립시키기 위한 혁명이라고 본 것이다.[5] 요약하자면, 쑨원에게 있어서 신해혁명은 민족혁명이면서, 동시에 정치혁명이었다. 더 정확하게 말하자면, 정치혁명이면서, 동시에 종족혁명이었다. 그에게는 혁명의 주체가 한족이었으며, 그 대상이 만주족이었기 때문이다.

---

3 위의 책, 556.
4 孫中山, 『孫中山全集』 第2卷, 北京: 中華書局, 1982, 3~4.
5 孫中山, 『孫中山全集』 第1卷, 北京: 中華書局, 1981, 325.

그러나 사실 신해혁명의 주체는 한족만이 아니었다. 통일 중국을 수립하기 위해서는 한족 이외의 유력한 소수민족들의 협력이 필요했다. 중국은 56개 민족으로 이루어진 다민족국가이다. 한족이 아무리 많다 하더라도, 소수민족이 다스리는 땅은 중국 영토의 절반이 훨씬 넘는다. 그렇기 때문에 통일을 위해서는 소수민족의 도움은 없어서는 안 될 일이었다. 그래서 쑨원의 초기 사상에서 중시된 개념의 하나가 '오족공화(五族共和)'라는 개념이다. 그의 1912년 연설에는 오족공화 사상이 많이 반영되어 있다. 예를 들면, "한족, 만주족, 몽고족, 회족, 장족의 땅을 합치면 한 나라가 된다. 즉 한족, 만주족, 몽고족, 회족, 장족 모든 민족이 하나이다." "중화민국은 한족, 몽고족, 만주족, 회족, 장족 5대 종족이 결합하여, 함께 행복을 도모하는 것이다." "한족, 만주족, 몽고족, 회족, 장족이 한 가족을 이룬다." "다섯 민족이 합해져 일체를 이룬다", "오족공화(五族共和)"[6] 등등의 표현이 그것이다.

1919년 쑨원의 대표적 저작으로 알려진 『삼민주의(三民主義)』에서 쑨원은 한족, 만주족, 몽고족, 회족, 장족, 이렇게 다섯 민족이 주축이 된 '오족공화설'을 혁명이 성공한 이후 만들었다는 얘기를 하였다.[7] 그리고 그 이유를 자신들의 적인 만주족 정권을 무너뜨려 반만 민족주의의 목적을 이미 달성했기 때문이라고 말이다. 그렇게 오족공화를 얘기했지만, 그것

---

6 孫中山, 『孫中山全集』第2卷, 北京: 中華書局, 1982, 2, 60, 105, 451.
7 "우리나라 사람들은 한족이 만청 정권을 전복시키고, 이민족의 속박에서 벗어난 이후, 민족주의가 이미 목적을 달성했다고 생각한다. 더 무지한 자들은 혁명이 성공한 이후, 한족, 만주족, 몽고족, 회족, 장족 오족공화설을 세웠다고 한다."

은 쑨원의 진심에서 나온 것은 아니었기 때문에 그 이후에 계속해서 오족공화에 대한 의문을 제기하였다. 그리고 가장 불만은 과거 만주 정권의 관료 무리가 오족공화를 거론하며 정치에 참여하게 되었다는 것이었다.

결국, 1921년 3월 6일과 12월 10일 연설에서 쑨원은 "지금은 만주를 물리쳐서 중화민국 국가가 성립되었지만, 반독립국가에서 아직 벗어나지 못했는데, 오족공화라는 것은 기만적인 말이다!"[8]라고 오족공화를 비판하기에 이른다. 쑨원이 오족공화를 비판한 이유에 대해 중국학자인 정다화(鄭大華) 교수는 '대중화 민족(大中華民族)' 또는 '국족(國族)'관을 내세우기 위한 것이었다(鄭大華 2014b)고 보았다. 쑨원이 1919년 오사운동이 일어난 이후 민족주의를 다시 주장하였고, '민족 동화'를 통한 '대중화 민족'의 형성을 주장하였기 때문에 그 말은 일리가 있는 말이라 할 수 있다. 그러나 그보다는 중국이 한족을 중심으로 한 국가라는 생각에서 벗어날 수 없었다고 본다.

사실 쑨원이 처음부터 민족, 민족 했던 것은 아니다. 중화민국이 수립되고, 쑨원은 '국민'이라는 개념을 말하였다. 그런데 '국민'이라는 개념은 당시 중국인들에게 익숙한 개념이 아니었다. 국민 개념을 중국에 소개한 사람은 량치차오이다. 량치차오는 청나라가 망하기 전인 1899년 10월 15일 이미 '국민' 개념을 제시했다. 그는 한 국가의 국민이 그 나라의 일을 다스리고, 정해야 한다고 주장했다. 그리고 1901년에는 『신민설』에서

---

8   孫中山, 『孫中山全集』 第5卷, 北京: 中華書局, 1985, 473.

중국이 열강의 속박에서 벗어나 독립을 하고 싶다면 우선 개인의 독립, 즉 독립된 국민이 있어야 할 것이라고 말하였다.

량치차오를 통해 당시 중국에서 '국민' 개념이 널리 받아들여졌다. 여기 저기 신문이나 잡지에서도 너도나도 국민을 얘기했다. 1901년 6월 10일 출판된 『국민보(國民報)』에 실린 『설국민(說國民)』이라는 글에서는 노예와 대립되는 개념으로서 국민개념을 설명하기도 했다. 국민에게는 권리가 있지만, 노예에게는 권리가 없으므로, 책임도 없다고 말이다(張枬·王忍之 1960, 72).[9] 이것을 바로 량치차오의 민족주의 사상의 표현이라고 말한다. 량치차오는 "오늘날 세계의 경쟁은 국민의 경쟁이다[今日世界之競爭, 國民競爭也]"고 생각했기 때문에 중국인들이 국민으로서의 의식을 가져야 한다고 보았고, 과거 국가가 황제 한 사람의 사유재산이었던 시대에서 벗어나기 위해서는 국민 자신이 권리를 가진 존재이고, 국가를 다스리는 존재라는 생각을 가져야 하고, 그것을 바탕으로 다른 나라와의 싸움에서 책임감을 갖고 행동해야 한다고 말이다(梁啟超 1899).

그렇다면 쑨원의 국민은 어떤 의미일까? 난징에 중화민국의 임시정부 가 수립된 이후, 쑨원은 "임시정부는 혁명시대의 정부이다[臨時政府, 革命時代之政府也]"라고 하면서, 그 임무가 과거 봉건시대의 전제를 없애고 공화

---

9 "무엇을 국민이라 하는가? 하늘이 나에게 민이 되도록 하였으니 나는 민이 되도록 노력했다. 무엇을 노예라고 하는가? 하늘이 나에게 민이 되라고 했는데, 결국은 민이 되지 못한 것이다. 그러므로 노예는 권리가 없고, 국민은 권리가 있다. 노예는 책임이 없고, 국민은 책임이 있다. 노예는 압제를 달갑게 여기고, 국민은 자유를 좋아한다. 노예는 존비를 중시하고, 국민은 평등을 말한다. 노예는 의존을 좋아하고, 국민은 독립을 중시한다."

를 실현하여 민생을 이롭게 하는 것[10]이라고 밝혔다. 쑨원이 혁명을 한 이유는 공화국을 설립하려는 것이었던 만큼, 그 주체가 국민이라는 것은 어쩌면 당연하다. 그리고 당 이름을 국민당이라고 이름을 지은 이유는 바로 공화제의 주체가 국민이기 때문이었다.

1912년 8월 25년 동맹회를 국민당으로 개조하면서 쑨원은 그 종지가 "공화를 공고히 하고, 평민정치를 실행한다[鞏固共和, 實行平民政治]"라고 하며, '국민당'이라는 이름으로 바꾼 이유를 다음과 같이 설명했다. "공화제는 국민을 나라의 주체로 하는 것이다. 우리 당은 그 뜻을 잊지 않고 있으므로, 그 이름을 국민당으로 삼았다."[11] 그래서 중화민국 초기에 쑨원은 그 점을 강조했다. 쑨원이 중화민국의 총통으로 추천되었을 때, 그는 총통이란 단지 '공복(公仆)'일뿐이고, '국민의 뜻[國民之公意]'을 따르는 것일 뿐이라고 말했다.[12] 또한 그 관청 '직원' 또한 '인민의 공복'[13]이라고 밝혔다. 우리말로 하면 대통령은 국민의 공복이고, 공무원도 그렇다고 한 셈이다.

그렇기 때문에, 쑨원은 청 정부와 달리 인권을 보장해야 한다고 보았다. 인권에 대한 쑨원의 대표적 주장은 관원의 칭호에서 잘 나타난다. 그는 청나라 시절 관료들의 고하에 따라 대인, 어르신 등으로 부르는 것이 못마땅했다. 그런데 중화민국이 세워지고 난 뒤에도 그 버릇을 바꾸기가

10　孫中山, 『孫中山全集』 第5卷, 北京: 中華書局, 1985, 1~2.

11　위의 책, 398~399.

12　위의 책, 1.

13　위의 책, 156.

쉽지 않았다. 사람들은 여전히 자신의 상사를 대인, 어르신 등으로 불렀고, 그것은 혁명의 목적을 무색하게 만드는 것이었다. 그래서 쑨원은 민간에서처럼 서로를 누구누구 선생, 누구누구 군 등으로 부를 것을 제안했다.[14, 15] 그것은 그가 사람들은 모두 천부인권을 갖고 있다는 점에서 평등하다고 보았기 때문이다.[16]

> 공화국이 인민을 주체로 한다면, 국가를 모든 사람이 공유하는 국가이다. 모두가 공유하는 국가라면, 국가의 권리를 누구나 함께 누려야 하고, 국가의 의무는 누구나 마땅히 함께 담당해야 한다.[17]

쑨원은 국민의 중요성을 인식하고 난 후 독립 또한 국민의 독립으로 이해하였다. 신해혁명 이전에 쑨원은 '국민의 독립'을 얘기했다.[18, 19] 중

---

14 같은 곳.

15 1912년 3월 2일, 쑨원은 관원의 칭호에 대한 문제에 대해 다음과 같이 말하였다. "전에 청나라의 관청에서는 관의 등급의 고하를 보고, 대인, 어르신 등의 명칭을 두었고, 그것을 받는 자는 부끄럼이 컸고, 그것을 베푸는 자는 체면을 잃었으니, 의가 취해지지 못했다. 광복 이후 중앙과 지방의 관청을 살피지 못하니, 여전히 옛 칭호를 사용하여, 특히 공화정치의 흠이 되었다. 이제 각 관청의 인원이 서로 부를 때에는 모두 관직으로 부르고, 민간의 보통 칭호처럼 선생, 군으로 말하고, 청나라 관청의 잘못된 칭호를 따르지 않는다."

16 쑨원은 "천부인권은 남녀가 다르지 않고, 평등과 공평은 마음과 이치가 다르지 않다天賦人權, 男女本非懸殊, 平等大公, 心同此理"고 하였다.

17 위의 책, 451.

18 孫中山, 『孫中山全集』第1卷, 北京: 中華書局, 1981, 281.

19 「在東京中國留學生歡迎大會的演說」(1905年 8月 13日)에서 쑨원은 다음과 같이 말했다. "어떤 이가 말하기를, 중국은 이 시기 개혁은 일마다 다른 이를 모방한 것이고, 스스로는 조금도 독립된 학설을 갖고 있지 않으며, 먼저 국민 독립의 근성을 키우지 못하고서, 나중에 국민이 독립할 수 있는 자격을 바랄 수 있겠는가? 이 말은 사실이지만, 이때 이민족 정부가 모든 것을 막았는

화민국이 수립되고 난 후에는 국민의 구성원을 한족, 만주족, 몽고족, 회족, 장족이라고 말했다(秦兵 2017, 1161).[20] 이때는 그래도 희망에 가득 차 있었다(秦兵 2017, 1317).[21] 드디어 만주족 정권을 전복시키고 새로운 제도를 수립했으니까 말이다. 그래서 심지어는 국가의 독립을 넘어 세계 평화도 얘기했다. 쑨원이 임시 총통의 직위를 내려놓을 때, 중화민국 국민의 천직이 세계 평화를 촉진하는 것이라고 말했다(秦兵 2017, 1302).[22] 이 것은 그가 정말 세계 평화를 원했다기보다는, 세계 평화에 기여할 수 있을 정도로 중국이 강한 국가가 될 수 있다는 희망이 있었기 때문이었다.

그런데 그 희망을 가로막는 큰 문제가 있었다. 중국이 아직 통일국가가 아니라는 사실이었다. 그래서 물론 민국 성립 초기, 쑨원이 '국민 독립' 개념을 제창하였을 때에 '국가 독립'을 간과했던 것은 아니었다. 종족

데, 또 어디서 독립의 학설을 말할 수 있었겠는가? 또한 어디서 국민 독립의 근성을 키울 수 있었겠는가? 이것이 한 번 변하면 전국 인심이 동요하고, 동요하면 진화가 스스로 빨라지고, 단지 10년 후에, 이 '독립' 두 글자가 자연스럽게 국민의 머리에 새겨진다."

20 "오늘 중화민국이 이미 통일을 완성했다. 중화민국이 건설되고, 전적으로 억조 국민의 자유와 권리를 보호하기 위한 것이다. 한족, 만주족, 몽고족, 회족, 장족을 한 가족으로 합하고, 서로 화합하여 함께 돕고, 산업을 부흥시키고, 교육을 촉진하고, 동반구의 상무를 확대한다."

21 4월 11일에 쑨원은 한커우漢口를 시찰하면서 다음과 같이 말하였다. "이전의 전제정체는 이미 사라졌고, 앞으로 건설할 모든 것은 혁명가 모두 적극적으로 유지해야 이루어질 것이다. … 반드시 대중에 통일하여 최고의 민당(民黨)이 되어야 비로소 정부를 감독할 수 있다. 반드시 지금과 전제 시대가 다르다는 것을 알아야 하고, 누구나 모두 공화 국민이며, 누구나 공화민국을 만들어야 한다는 것을 알아야 한다."

22 "무엇이 천직인가. 곧 세계평화를 촉진하는 것이기 때문이다. 이렇게 세계평화를 촉진하는 것이 곧 중화민국의 앞으로의 목적이다. 이러한 목적에 따라 진행하는 것이 곧 중화민국의 기초를 탄탄히 하는 것이다. 또한, 정치, 법률, 풍속, 민지 모든 사업이 모두 개량 진보하여야, 비로소 세계 각국과 경쟁할 수 있다. 이러한 모든 개량과 진보는 모두 중화민국 국민의 책임이다. 사람마다 직무를 다하고, 사람마다 의무를 다한다. 4억이 이와 같지 않음이 없다면, 중화민국의 진보는 반드시 빨리 이루어질 것이다."

혁명 기간에도 '국가 독립'이 혁명의 목표였다. 이민족은 만주족만이 아니었고, 호시탐탐 중국을 노리는 서구열강과 일본이 있었다.[23, 24] 그래서 국민의 독립이 진정한 목적이었는지는 모르겠지만, 여하튼 상황이 국민에게 권리를 제대로 인정해주기 어려웠던 것이다.

그래서 쑨원은 처음부터 헌정을 실시하지 못했다. 헌정 실현 전까지 몇 가지 단계를 거쳐야 한다고 생각했다. 우선 무엇보다도 과거의 봉건적 "전제정치를 몰아내고, 완전한 국민의 나라를 건설"해야 하기 때문에, '군정(軍政)'이 필요하다고 보았다. 군정 시기에는 적극적으로 무력을 사용해 중화민국의 기초를 다져야 한다[25]고 생각했다.

그런데 이런 계획은 신해혁명이 일어나기 이미 전에 세워진 것이었다. 신해혁명 이전에 쑨원이 혁명을 꾀하면서 동맹회를 조직했던 때 이미 쑨원은 혁명 방략을 정하였고, 그 혁명 단계를 3단계로 설정하였다. 군법통치기, 약법통치기, 헌법통치기로 말이다. 이에 따라 신해혁명이 성공하고 중화민국이 세워지고 난 후 쑨원은 군정, 훈정, 헌정 3단계를 제시하였다. 이것은 그가 죽기 전까지 계속되었다.

그렇게 무력 통치를 하던 군정은 쑨원이 죽고 난 뒤 한참 지난 1928년 12월 29일에야 종결되었다. 그리고 1931년(5월 12일) 〈훈정시기 약법〉이

23 위의 책, 389.
24 「在香港與〈南淸早報〉記者威路臣的談話」, 1912年 6月. 1912년 6월 홍콩에서 기자가 통상항구 문제에 대해 물었을 때 다음과 같이 말했다. "그러나 이것은 화인의 뜻입니다. 우리가 반드시 독립이 필요하다고 말하는 것은 중국이 양인의 통치에 귀속되기를 더더욱 원치 않는다는 것을 말합니다."
25 孫中山, 『孫中山全集』第3卷, 北京: 中華書局, 1984, 97.

제정되어 훈정(6월 1일 발효)이 실시되었다. 이렇게 시작된 훈정은 1936년까지 지속되었다. 그리고 훈정은 1947년 잠시 종결되었다가, 국민당과 공산당 간에 일어난 국공내전으로 다시 회복되어 국민당 정부가 공산당에 져서 타이완으로 후퇴한 이후에 다시 계속되었다. 그리고 그것이 완전히 종결된 때는 1991년이었다. 그래서 대만의 정치가 한국과 비슷하다고 말한다. 오랜 세월 동안 독재가 계속되었기 때문일 것이다.

훈정을 한 이유는 주로 지방자치의 실현을 위해서였다.[26, 27] 쑨원이 제시한 약법통치에서 지방자치는 혁명 과정에서 필수불가결한 부분으로 여겨졌다. 쑨원은 지방자치를 '국가의 초석'으로 여겼는데, 그것은 지방자치가 단단하게 이루어지지 않고서는 국가가 단단해질 수 없다고 보았기 때문이다.[28] 그래서 군정 시기가 끝나고, 지방자치권을 각 지방에 돌려주어 지방자치를 실현하고자 했다. 그리고 지방을 다스릴 의원과 관리를 인민이 뽑도록 했다.[29] 이렇게 쑨원에게 있어서 훈정이란, 헌정을 위한 준비 기간인 셈이었다. 이때 지방자치에서 국민은 선거, 파면, 창제, 부결 네 가지 권리 행사를 연습하게 되었다.

그런데 쑨원이 특별히 '훈정' 시기를 설정한 이유는 무엇일까? 그것은 중국인들이 너무나 오랫동안 전제정치하에서 생활했기 때문에 그로 인

---

26 같은 곳.
27 「中華革命黨總章」, 1914年 7月 8日. "문명으로 다스려 국민을 감독하여 인솔해서 지방자치를 건설한다."
28 孫中山, 『孫中山全集』第3卷, 北京: 中華書局, 1984, 327.
29 "모든 현에서 군법이 해체된 후, 군정부는 지방자치권을 그 지역의 인민들에게 되돌려주고, 지방의회 의원과 지방 행정관 모두 인민으로 하여금 선출하도록 한다"(孫中山全集 1981, 297).

한 노예성이 자치를 가로막는 걸림돌이 될 수 있다고 생각했기 때문이었다.[30] 그리고 훈정이란 과정이 없다면, 자신이 나라의 주인이라는 사실을 인식하지 못한 인민들이 과거의 전제정치로 돌아가 다시 노예가 되고자 할 것이라고 보았기 때문이었다.[31] 그것은 오늘날 정치 현실을 보더라도 충분히 이해할 수 있다고 본다.

그러므로 쑨원은 훈정이라는 "강압적 수단을 사용하여, 그들이 주인이 되도록 가르치고 훈련할" 필요가 있다고 생각한 것이다. 그것을 쑨원은 역사적 인물을 들어 설명했다. 고대 중국에서 이윤(伊尹)이라는 재상이 태갑이라는 황제를 훈육했던 것과 같다[32]고 보았다. 태갑은 중국 상나라의 네 번째 임금인데, 재상 이윤이 섭정으로 정치를 가르쳤다가 후에 친정을 하게 되었다고 한다.

이런 쑨원의 생각에 따라 훈정 단계에 진입한 난징정부는 쑨원의 유지에 따라 지방자치를 실시하였지만, 쑨원의 지방자치 사상과는 많이 달랐다. 이것이 바로 훈정 실시의 문제점을 보여 준 것이라고도 할 수 있다. 훈정을 실시하면서 국민당 정부는 보갑제(保甲制)라는 것을 실시하였는데, 이것은 지방자치와는 전혀 다른 내용이고, 심지어는 배치되기까

---

30 孫中山, 『孫中山全集』 第5卷, 北京: 中華書局, 1985, 401. "현재 인민에게는 전제로 인해 형성된 노예성이 남아 있어서 참으로 바꾸기 쉽지 않다. 억지로 주인공이 되도록 하더라도, 편안하게 생각하지 못할 것이다."

31 孫中山, 「制定建國大綱宣言」, 1924年 9月 24日, 『孫中山全集』 第11卷, 1986, 102. "훈정 시기를 거치지 않는다면, 대다수 인민은 오랜 속박으로 인해, 비록 해방되었더라도, 처음에는 그 활동 방식을 이해하지 못하고, 책임을 방치하던 오랜 습관을 따를 뿐만 아니라, 반혁명에 빠지도록 이용되어도 알지 못할 것이다."

32 孫中山, 『孫中山全集』 第5卷, 北京: 中華書局, 1985, 401.

지 했다(陳柏心 1942, 278~279). 보갑제 자체가 송나라 때 군대를 조직하기 위해 만들었던 호적제도이다. 그러니 보갑제는 당연히 봉건 왕조의 통치 수단이다. 그러다 보니 민국 시기 시행한 보갑제도도 치안 강화를 위한 수단으로 전락하게 되었다. 결국은 자치가 아니라 통치를 위한 수단이 되었다. 결과적으로 나중에 시간이 흘러 1947년 결국은 국민당 정부가 떠밀려서 헌정을 선포하게 되었을 때 전국의 어떤 현도 지방자치를 실현하지 못한 상태로 있었다. 중국의 행정 단위 중 가장 큰 단위가 성이고, 그다음이 현인데, 결국은 기본적인 행정 단위 어느 곳도 지방자치를 이루지 못했다는 말이 된다. 쑨원은 지방자치가 실현된 이후 헌정을 시행해야 한다고 보았지만, 그가 예상한 것과는 전혀 다른 상황에서 헌정이 시행된 것이다.

밑에서 위로, 현에서 성으로, 지방에서 중앙으로 헌정의 기초가 쌓인 후 헌정이 이루어져야 한다(李時友 1948)고 보았던 쑨원의 예상과는 전혀 다른 결말이었다. 군정과 훈정이 헌정의 준비 단계라고 생각하면서도 헌정을 포기하고 군정과 훈정을 선택하고 만 쑨원은 결국은 국민과 국가 사이에서 국가를 선택한 꼴이 된 것이다.

쑨원이 살아있을 때 '독립'의 문제를 얘기할 때 그 개념을 두 가지로 썼다. 하나는 '국민의 독립'이라는 개념이고, 다른 하나는 '국가의 독립'이라는 개념이다. 우선 쑨원은 국가의 흥망에 있어서 국민의 독립 정신이 중요하다고 강조하면서, 국민에게 "독립하여 굴복하지 않는 정신"이 있다면 국가가 쉽게 무너지지도 않고, 다른 나라가 쉽게 굴복시킬 수 없다는 얘기를 했다.[33] 그 일례로 벨기에를 들었다. 벨기에는 작은 나라이지만,

벨기에 인민들에게 "독립 불굴의 정신"이 있기 때문에 쉽게 나라를 잃지 않았다고 말이다. 심지어 벨기에는 네덜란드에 편입된 적도 있지만, 곧 그 자유를 회복하여 독립국가가 되었는데, 그 이유가 바로 국민의 불굴의 독립 정신이라고 말이다.[34]

국민의 불굴의 독립 정신이 곧 국가의 독립으로 이어진다[35]는 것은 유가 사상의 영향이 큰 것으로 보인다. 유가 사상에서는 항상 도통과 치통을 얘기해 왔다. 도통이 무너지지 않으면, 치통은 언제든지 회복할 수 있다는 것이 대부분의 중국 역사에서 이민족의 침략과 통치를 받아 왔던 한족의 주된 주장이었다. 여하튼 처음에 쑨원은 국가 독립에 있어서 국민 독립이 얼마나 중요한 것인지를 강조했다. 그런데 시간이 흐르면서 '국민 독립'이라는 개념은 얘기하지 않게 되고, '국가 독립'의 문제만을 얘기

---

33 孫中山, 『孫中山全集』 第4卷, 北京: 中華書局, 1985, 95. "한 국가가 흥하고, 망하는 것은 일종의 수단이 직접적 원인으로, 여러 가지가 있다. 존재의 근원에 대해서는 국가와 그 국민이 독립 정신을 굽히지 않았는가에 달려 있다 하지 않을 수 없다. 그 국가는 이익으로 회유할 수도 없고, 힘으로 누를 수도 없다. 그런 연후에 스스로 세계에 살아남을 수 있다. 패배하더라도, 다시 세울 수 있다. 그렇지 않다면, 독립하였다고 해도, 망하는 날이 머지않다. 비단 이론뿐만 아니라, 그 국민이 독립하여 굴복하지 않는 정신을 갖고, 사람들이 그 독립을 존중하는 것이 유리하다고 여기면, 국제 이해로 볼 때, 또한 그 독립을 감히 쉽게 범하지 못한다."

34 위의 책, 95~96. "오늘날 벨기에 정부는 르아브르에 있으며, 국토가 아주 작다. 그러나 협상 국가 모두 벨기에의 존재를 존중할 뿐만 아니라, 벨기에가 망할 수 있다고 누구도 말하지 못한다. 즉 중립국은 또한 벨기에에 대해 특별한 존경을 하지 않는 국가가 없다. 그러므로 벨기에의 독립과 불굴의 정신은 이미 벨기에가 망하지 않을 나라임을 증명한 것이다. … 벨기에의 인민, 영토 주권은 이 독립 불굴의 정신 아래 있고, 형식은 단절되어도 정신은 단절되지 않는다. 벨기에의 영토가 없어진다고 해도 없어지지 않는 것과 같고, 그 국민이 잡힌다고 해도 잡히지 않는 것과 같다. 벨기에는 타국에 의해 억압받은 적이 있으며, 네덜란드에 편입된 적도 있지만, 그 국민은 굳건한 불굴의 의지를 가질 수 있었으므로, 결국 그 자유를 회복하여 독립국가가 되었다."

35 위의 책, 98.

하게 되었다. 물론 현실적인 이유가 컸다. 중국이 서구열강에 의해 사분오열되고, 일본의 중국에 대한 야심이 점차 커지고 있었으니까 말이다.

쑨원의 목적은 어떤 나라에도 침략받지 않는 독립을 지키는 것이 중요하게 여겨지게 되었다. 쑨원은 벨기에, 세르비아, 폴란드와 같은 나라처럼 중국도 독립과 주권을 인정받아야 한다고 생각했다.[36] 그리고 '국가독립'이라는 단어를 더 자주 사용하게 되었다. 국가주의를 가지고 독립국가를 건설할 것이라고 말하였다. 그리고 주장한 개념이 '심리적 국가주의'이다(廣東省哲學社會科學硏究所歷史硏究室 2012, 137). 이렇게 국민당 스스로도 국가주의와 민족주의를 혼용해서 사용하게 되었다. 이렇게 민족주의는 중국에서 국가주의가 되었다.

물론 국가주의가 군국주의나 제국주의는 아니고, "순전히 평화적이며, 자위적인 것"이라고 주장하기는 했지만,[37] 국민당의 지식인들은 쑨원의 삼민주의와 자신들이 말하는 국가주의가 같은 것(曾琦 1993, 364)이라고 강조했고, 그러면서 삼민주의도 국가주의가 되어 버렸다. 물론 그들이 말하는 국가주의는 내용은 삼민주의였지만, 공산당이 그걸 그렇게 해석할리가 없었다. 같은 시기, 중국 공산당은 어땠을까?

---

36 1917년 7월 15일 「미국 AP통신 기자와의 담화」에서 다음과 같이 말하였다. "전쟁이 벨기에, 사르비아, 폴란드의 주권 독립을 위한 것이었다면, 각국은 중국의 독립과 주권의 완전성도 존중해 주어야 한다"(桑兵 2017, 193).

37 '국가주의'에는 1923년 성립한 중국 청년당이 제창한 국가주의가 있다. 중국 청년당의 대표였던 청치[曾琦]에 의하면, "안으로는 통일을 추구하고, 밖으로는 독립을 추구한다. 그 성격은 순전히 평화적이며, 자위적인 것이다 … 그러나 어쨌든 '군국주의'나 '제국주의'로 볼 수는 없다"(曾琦 1993, 381).

1920년대 초에, 레닌의 이론이 중국에 전파되었다. 그것을 중국공산 당이 받아들이고 1921년 중국공산당이 생겼다. 지난 2021년 중국은 중 국공산당 창립 100주년을 성대하게 기념했다. 지금은 1억이나 되는 당 원을 가진 어마어마한 정당이 되었지만, 그때는 당원이 56명밖에 되지 않았다. 그때 중국공산당은 "세계 제국주의의 압박을 전복시키고, 중화 민족의 완전한 독립을 달성한다"는 투쟁 목표를 선언하였다. 레닌주의 이론에 따라 '반제국주의'를 주장했다. 레닌 이론에 따르면, 반제국주의 의 주체는 식민지 또는 반식민지 국가이고, 그 대상은 제국주의 열강이 다. 그리고 방식은 무력 대항이고, 목적은 민족의 독립을 실현하고, 나아 가 세계혁명을 실현하는 것이다.

하지만 공산주의 이념상 민족의 독립이 주된 목적이 아니었다. 오히 려 민족을 배척했다. 당시 중국의 공산주의자들은 민족주의에서 국제주 의로 나아가야 한다고 주장했다.[38] 이렇게 공산주의자들에게는 민족주 의도, 그리고 국가주의도 모두 달갑지 않은 것이었다.

3. 쑨원의 중화민족주의

그런데 쑨원의 민족주의는 '국가주의'로 전환되었고, 그렇게 되면서

---

38 1923년 취추바이가 「민족주의로부터 국제주의(自民族主義至國際主義――五七-五四-五一)」라는 글 에서 오사운동을 평가하였는데, 그에 의하면 오사운동은 구종법 사회의 예교를 몰아내고 사 회주의를 달성하는 것이므로, 민족주의에 국한되지 않는다(瞿秋白 1985, 141).

'민족+국가'의 구도가 형성되었다. 민족이 국가와 같은 것으로 여겨졌고, 민족주의가 국가주의로 불리게 되었다. 아무튼 오사운동 이후 쑨원은 '중화민족'을 만드는 작업에 열중하기 시작하였다. 오사운동 이전 쑨원이 '중화민족'이라고 말한 대상은 대부분 한족이었다. 물론 오족공화를 얘기하던 때도 있지만, 중화민족은 주로 한족을 의미하는 것이었다. 그런데 시간이 지나면서 그런 입장에 변화가 생겼다. '중화민족'이라는 단어를 더 이상 한족만을 가리키는 것이 아니라 중국 각 민족을 의미하는 것으로 사용하게 된 것이다.[39] 그리고 그러면서 '민족동화'를 통한 '중화민족' 사상을 형성하게 된다.

오늘날 중국은 중국의 56개 민족을 모두 아우르는 말로 중화민족을 얘기한다. 그 기원이 바로 이때다. '중화민족'이라는 개념이 기본적으로 확립되고, 점차 광범위하게 전파된 것은 '오사'운동 이후(黃興濤 2017, 133)라고 할 수 있다. 그러나 기본적으로 한족 중심의 민족 동화 사상에 입각한 것이었다. 그런 중화민족 개념이 오사 이전과 오사 이후가 달라진다. 오사 이전에는 한족만 의미하는 것이었다면, 오사 이후에는 더 통일적인 개념으로 사용하게 된 것이다. 그래도 변하지 않은 것이 있다면, 한족이 주라는 것이다.

쑨원에게 중화민족이란 그의 설명에서 잘 알 수 있다. 그는 1919년 『삼민주의』에서 중화민족 개념을 설명하였다.

---

39 孫中山, 『孫中山全集』 第3卷, 北京: 中華書局, 1984, 303.

한족은 그 혈통, 역사, 자존자대의 명칭을 희생하여, 만주족, 몽고족, 회족, 장족의 인민이 서로서로 진심으로 만나 하나로 만들어져 중화민족의 새로운 주의를 이루어야 한다. 아메리카의 흑인과 백인 수십 가지 인민이 모여 세계의 으뜸인 아메리카 민족주의를 이룬 것처럼 하는 것을 적극적 목적으로 한다.[40]

이렇게 말한 이유는 오족공화라는 것에 한계가 있기 때문이었다.[41] 그러니 한족이니 만주족이니 하지 말고 대중화 민족이라고 하자고 말이다. 민국 성립 이후 오족공화론이 유행했고, 중국 내의 각 민족의 조상이 같다는 설[同源共祖]이 주장되었다. 사람들은 "한족, 만주족, 몽고족, 회족, 장족 5민족의 동화", 그 결과로 만들어진 '대중화 민족'을 얘기하게 되었다(黃興濤 2017, 91~109). 오족공화 정책하에서 중화민족 개념이 탄생한 것이었다. 하지만 중화민족개념이 확립되고 광범위하게 전파된 것은 오사운동 이후이다(黃興濤 2017, 133). 그런데 쑨원이 제기한 '중화민족'개념은 '민족동화(民族同化)'를 전제로 한 것이지만, 실제로는 '민족 융합'의 의미에 가깝다(黃興濤 2017, 139). 그 영향으로 쑨원이 죽고 난 후 1939년에 "중화민족은 하나"라는 논쟁이 있었다. 그 논쟁의 중심인물은 구제강[顧頡剛]과 페이

---

40 孫中山, 『孫中山全集』 第5卷, 北京: 中華書局, 1985, 187~188.

41 1921년 3월 19일 「〈국민당 간친대회 기념책〉 서문」에서 쑨원은 다음과 같이 말하였다. "우리나라는 오늘 오족공화를 말한다. 오족을 말하지만, 여전히 한계가 있다. 이 한계를 없애고, 광대하게 발전시켜, 세계에서 능력 있고 명성 있는 민족으로 만들고 싶으면, 한족과 만주족이란 각 명칭을 다 없애고, 문화와 정신의 조화에 노력하여 대중화 민족을 건설하는 것이 낫다"(陳旭麓 1990, 30).

샤오통[費孝通]이 있다.

구제강은 중화민족은 원래 하나라고 주장했다. 역사적으로 중국에는 중화민족이라고 할 수 있는 통일적 민족이 존재했다는 것이다. 구제강의 생각은 쑨원의 후기 생각이랑 비슷하다. 구제강은 민족을 국족이라고 보았고, 그 국족이란 정치민족을 의미하는 것이라고 보았다. 페이샤오통은 구제강과 달리 중국에는 여러 서로 다른 문화, 언어, 체질을 가진 단체가 존재한다고 보았다. 그는 중국은 다민족국가이고, 게다가 각 민족 밑에 또 하위의 민족집단(族團, 族群)이 존재한다고 생각했다. 물론 그도 중화민족의 존재를 부인한 것은 아니었다. 다만 국족, 민족, 족군의 세 가지 차원을 주장하였다. 나중에 페이샤오통은 그의 유명한 주장인 중화민족 다원일체론을 주장하게 된다. 이 둘의 주장은 다른 듯하지만, 사실은 모두 쑨원이 주장했던 중화민족의 존재를 긍정하는 주장이라는 점에서 공통점이 있다. 현대 중국도 이들과 같이 중화민족주의를 적극적으로 내세워 통일을 추구하고 있다.

국족 개념을 처음 얘기한 것은 바로 쑨원이다. 그는 후기에 민족 독립과 국가 독립을 동일시하였고, 1924년 이후가 되면 더 열심히 민족개념을 강조했다. 그리고 결국은 '국족(國族)' 개념을 제시하기에 이르렀다. 국족이란, 민족과 국가의 합성어이다. 즉 기존의 민족개념에 국가개념을 합친 것인데, 단일민족국가의 이상을 나타내는 표현한 것이다(夏引業 2018). 쑨원은 중국이 "가난하고 힘없는 국가"이기 때문에 힘을 합쳐야 한다고 생각했다.[42] 게다가 쑨원이 보기에 당시 중국은 "독립국이라 부를 수 없고, 반독립국일 뿐"이었기 때문에 더 그렇다고 보았다.[43,44] 쑨원이 보기에 힘들게 만주족 정부를 물리쳤는데, 아직도 '반독립국'을 전전긍긍하고 있다는 사실이 너무 한탄스러운 것이었다.

> 만청은 이미 전복되었지만, 이미 잃어버린 국권과 영토는 여전히 외국에 있고, 아직 되찾지 못했다. 국권으로 말하자면, 해관은 그들에게 장악되고, 조약은 그들의 속박을 받고 있으며, 영사재판권은 철폐되지 못했다. 영토로 말하자면, 웨이하이는 영국에, 뤼순은 일본에, 칭다오는 독일에 귀속되어 있다. 독일이 패배한 후 산동 문제는 일본의 제약을 받고 있으며, 지금도 되찾지 못했다. 이런 현상으로 보면, 중화민국은 아직도 완전한 독립국가라고 말할 수 없다.[45]

이런 상황은 형식적으로만 독립국가인 상태이고, "실제로는 나라를 잃은 고려만 못하다"고 말해졌다.[46] 이렇기 때문에 단결을 강조할 수밖에

---

42 1919년 11월 「프랑스 유학생과의 담화」. "중국은 아직도 가난하고 힘없는 국가입니다. 모든 일에서 세계열강의 간섭과 압박을 받고 있습니다. 우리 전국의 동포, 특히 지식인들이 반드시 힘을 합쳐 혁명에 참가해야 중국이 독립, 자유, 평등을 얻을 수 있습니다."

43 孫中山, 『孫中山全集』 第5卷, 北京: 中華書局, 1985, 565.

44 1921년 6월 30일 「광동성 제5차 교육대회 폐막식 연설(在廣東省第五次敎育大會閉幕式的演說)」. "중국의 관세는 외부인에게 장악되고, 영사재판권은 되찾을 수 없고, 외국인이 있는 곳이 그 영토가 되어, 관리가 관여할 수 없고, 경찰도 감히 고소하지 못하며, 중국의 영토, 중국 주권이 상실된 지 오래이다. … 중국을 독립국이라 부를 수 없고, 오직 반독립국이라고 부를 수 있을 뿐이다!"

45 孫中山, 「在桂林對滇贛粤軍的演說」, 『孫中山全集』 第6卷, 北京: 中華書局, 12~13.

46 孫中山, 『孫中山全集』 第7卷, 北京: 中華書局, 33~34. "중국은 형식적으로는 독립국가지만, 실제로는 나라를 잃은 고려만 못하다. … 이와 같이, 민족주의가 만족스럽게 성공했다고 할 수 있는가? 그러므로 국민이 민권, 민생에 노력해야 할 뿐만 아니라, 동시에 민족자결의 능력을 키우

없었다. 그래서 오사운동 이후 쑨원은 '국가 독립'을 주장하면서 '대중화 민족'의 '민족국가'를 주장한 것이었다. 그리고 이것은 중국공산당에 의해 '국가주의'로 해석되었다.[47] 그런데 쑨원의 민족주의가 세계주의적 조류에 반하는 것은 아니었다. 특히 쑨원은 그렇게 생각했다. 그러나 항상 쑨원의 뜻대로 되지는 않았다.

그렇게 또 쑨원은 민족주의와 세계주의 사이에서 방황했다. 특히 쑨원이 민족주의와 세계주의 사이에서 방황하게 된 이유는 소련의 도움을 받게 된 것 때문이었다. 쑨원이 소련과 접촉한 것은 1921년 코민테른의 마링(Norman H. Maring)과 만났을 때였다. 소련의 목적은 중국에서 혁명을 전파할 협력 대상자를 찾는 것이었다. 그러나 쑨원은 소련의 이데올로기에 반대하였다. "혁명주의는 나라마다 다르고, 갑이 행할 수 있는 것은 을에게는 맞지 않아 통하지 않으므로, 공산주의는 소련에서는 되지만, 중국에서는 절대 불가능하다"(鄧家彦 1955, 204~205)는 것이 쑨원의 생각이었다. 하지만 어쩌겠는가? 현실적으로 소련의 도움을 받을 수밖에 없었고, 자신의 노선을 수정하게 되었다. 1924년 1월 6일 쑨원은 「반제연합전선 건립에 대한 선언(關於建立反帝聯合戰線宣言)」에서 "우리는 모두 약소민족이므로, 함께 투쟁하고, 제국주의 국가의 침탈과 압박에 저항해야 한다"[48]며 소련과 함께 반제국주의 노선에 참가하게 되었다. 소련과의

고, 단결하여 투쟁해야 한다. 이렇게 해야 중국이 세계에서 독립국가가 될 수 있다."

47 中央檔案館, 「對於民族革命運動之議決案」, 1925年 1月, 『中共中央文件選集』 第1冊, 北京: 中共中央黨校出版社, 1989, 330.
48 孫中山, 『孫中山全集』 第9卷, 北京: 中華書局, 1986, 23.

연합으로 쑨원의 민족주의는 세계주의와 함께하게 되었다.

1922년 10월 11일 『향도주간(向導週刊)』에는 한 편의 글이 발표되었다. 「몽고와 그 해방운동」이라는 글이었다. 글 첫머리에는 다음과 같은 내용이 나온다.

> 현재 세계 각 약소민족은 대부분 외국 제국주의의 침략과 압제하에 있다. 불행히도 우리 중화민족도 그중 하나이다. 본 신문은 이후 국민들에게 약소민족의 상황과 운동에 대해 소개하고자 한다. 첫째는 우리에게 참고하고 참작할 수 있도록 함이다. 둘째, 일부 세계의 대세를 알수 있도록 함이다.[49]

이뿐만 아니라 중공이 발간하는 잡지에도 외몽고의 독립을 전면 소개하였다. 하지만 글에서 사용한 중화민족이란 개념은 민국 성립 이후 사용해 온 개념을 그대로 쓴 것이었다. 즉 중화민족은 중국의 각 민족을 포괄하는 개념으로 사용되었다.

1922년 10월 18일 장궈타오[張國燾]는 『향도』에서 발표한 「중국은 이미 국제침략의 위험에서 벗어났는가?─후스의 〈국제적 중국〉에 대한 반박」이라는 글에서 "제국주의 세력이 중국에 여전히 존재한다면, 그들이 민중 세력이 발전하고 중국민족이 독립하도록 할 것인가?"(張國燾 1924, 50)라고 물었다. 장궈타오는 1922년 11월 2일 「그래도 신몽고를 돕자」라는 글

---

49 記者, 「蒙古及其解放運動」, 『向導彙刊』, 1922年 10月 11日.

에서 다음과 같이 말하였다. "몽고 국민혁명당 당수 덴데브(Dendev)가 한 연설은 「몽고와 그 해방운동」이라는 제목으로 본 신문에서 제5기와 제7기에 발표된 적이 있다. 매우 가치 있고 진실한 서술이었으며, 중화민족과 몽고족의 친밀한 감정을 소통하기에 충분했다"(張國燾 1924, 67).

중공 지도자였던 장궈타오에게 있어서 몽고 등 소수민족은 중화민족에 포함되지 않았다. 장궈타오는 '중국민족'이라는 개념을 사용하였는데, 그 이후 1922년 11월 중공 중앙은 공식 문건인 「중국공산당의 현재 실제 문제에 대한 계획」에서 중화민족을 '중국민족'으로 바꿔 불렀다.

> 중국 무산계급의 현재 투쟁은 … 중국민족의 발전에 대한 양대 장애물 즉 군벌과 세계 제국주의를 제거하는 것이다.
>
> — 中央檔案館 1989, 120

이후 중국공산당을 창당하게 되는 천두슈는 1919년 6월 8일 다음과 같이 말하였다. "우리 중화민족은 예부터 문을 닫고, 동양에서 패자를 자처했으며, 구미, 일본 등과 통상하고 조약을 맺기 이전에는 오직 천하 관념만이 있었지, 국가 관념은 없었다"(陳獨秀 1919). 1922년 9월 13일, 천두슈는 "우리 중화민족은 압박을 받는 민족으로서 국제 제국주의의 침략을 막기 위해 힘을 키워, 중국을 완전한 진정 독립된 국가를 만들기 위해 노력하지 않을 수 없다"고 말하였다. 같은 해 9월 20일, 그는 '중화민족'이라는 개념으로 쑨원의 민족주의를 표현했다. 그러나 1923년 5월 16일에는 '중국민족'이라는 개념으로 중국의 각 민족을 표현했다. "베이징 정부가 이처럼 연약하고 아둔한 것은 중국민족의 큰 치욕이다!"(陳獨秀 1923, 182)라고 말이다. 이렇듯 초기 공산당 지도부는 중화민족과 중국민족을 구별하여 사용했다. 전자는 한족을 의미한다고 보았고, 그것은 곧 쑨원의 중화민족이었기 때문이었다. 그리하여 1925년 1월, 중공은 '중화민족'이 갖는 문제를 지적했다.

> 민족주의(국가주의)의 민족운동은 두 가지 의미가 있다. 첫째는 반제국주의적인 의미로, 타민족이 자기 민족을 침략하는 것에 대한 것이다. 둘째, 대외적으로 민족의 이익이라는 미명으로 본국의 무산계급을 억압하고, 자기 민족의 영광이라는 미명으로 약소민족을 억압하는 것이다. 예를 들면 터키가 그 영토 내에서 각 소수민족을 억압하는 것이나, 중국이 대중화 민족이라는 구호로 몽골족, 장족 등 번속을 동화시키려는 것을 말한다.
>
> — 中共中央黨校黨史敎硏室 1980, 73

1922년 11월 이후, 중공의 관방 문건에서는 기본적으로 '중국민족'을 사용하여 "중국의 각 민족"을 의미하게 되었다. 1923년 6월 「중국공산당 당강 초안」에 의하면, "중국민족은 정치와 경제의 독립혁명을 요구하고, 세계사회혁명 과정에서 예기치 않게 세계 무산계급과 전선을 연합한다"(中央檔案館 1989, 139). 「중국공산당 제3차 전국대회 선언」에 의하면, "국민혁명으로 압박을 받는 중국민족을 해방시키고, 나아가 세계혁명에 참여하여, 전 세계의 피압박민족과 피압박 계급을 해방한다"(中央檔案館 1989,

166). 그러나 중화민족은 일반적으로 한족을 의미하였고, 그런 경향은 항일전쟁이 발발하기 이전까지 계속되었다(鄭大華 2014a).

1924년 1월 '소련과의 연합[聯俄]'정책을 정식으로 실행하기 전에는 중화민족이라는 말을 습관적으로 사용하였다. 그러나 1924년 1월 13일 민족주의에 대한 연설에서 쑨원은 "중국을 구하려면, 반드시 민족주의를 제창하여, 민족정신을 발휘할 수 있어야 한다. 중국민족은 4억이며, 몽고족, 만주족, 회족, 장족을 빼고는 천만을 넘지 않는다"(郝盛潮 1994, 359)라고 하여, 처음으로 쑨원도 여러 민족을 포함하는 개념으로 중국민족이라는 개념을 사용하였다. 1924년 1월 23일, 쑨원은 「중국 국민당 제1차 전국대표대회 선언」에서 중국민족이라는 개념을 여러 번 사용하였다.

쑨원이 중국민족이라는 개념을 받아들였다는 것은 중국공산당과 한길을 걷는 것, 즉 반제국주의로 전환했다는 것을 의미한다. 1923년 12월 31일, 광저우 기독교청년회에서 "이제 더는 서구 열강의 지지를 추구하지 않고, 러시아로 고개를 돌리겠다"(陳錫祺 1991, 1780)라고 밝히고, 이후 '반제' 구호를 적극적으로 제기하였다. 이것은 소련의 레닌주의의 영향이라고 할 수 있다. 하지만 전적으로 공산주의로 전환한 것은 아니었다. 그것은 1924년 1월 23일 중국 국민당 1차 전국대표대회에서는 국가 독립과 민족 독립 모두 얘기한 것에서 짐작할 수 있다. 쑨원은 국가 독립에 대해서는 "해금이 풀리고, 열강의 제국주의가 폭우처럼 밀어닥쳤고, 무력 착취와 경제적 억압으로 중국이 독립을 상실하고, 반식민지로 전락하였다." "따라서 나아가면, 반식민지의 중국이 독립된 중국으로 바뀌어, 세계에 우뚝 설 수 있을 것이다"(孫中山 1986, 114). "외국의 침략 강권에 대해 정부는 마땅히 이를 저지해야 하며, 동시에 각국 조약을 개정하여 우리나라의 국제 평등과 국가독립을 회복해야 한다"[50] 등으로 표현했다. 민족 독립에 대해서는, "국민당의 민족주의는 두 가지 의미가 있다. 첫째는 중국민족이 스스로 해방을 한다는 것이다. 둘째는 중국 영토 내의 각 민족은 모두 평등하다는 것이다." "국민당의 민족주의는 그 목적이 중국민족이 세계에서 자유롭고 독립하도록 하는 것에 있다." "신해혁명 이후, 만주족의 전제 정책은 국민운동에 의해 궤멸하였지만, 열강의 제국주의가 예전처럼 포위하여, 분열하여 공동통치 하게 되었다. 쉽게 말하자면, 무력 통치가 경제적 억압으로 바뀐 것일 뿐이다. 그 결과 중국민족은 그 독립과 자유를 상실하였다." "국민당은 그러므로 계속해서 노력하여 중국민족의 해방을 추구할 수밖에 없다." "국민당과 민중이 긴밀하게 결합한 이후, 중국민족의 진정한 자유와 독립을 비로소 기대할 수 있게 되었다."[51]

따라서 쑨원의 '반제' 개념은 민족주의와 세계주의 성격을 모두 갖는다. 1919년 10월 이후 민족주의는 줄곧 쑨원의 혁명 목표였다. 1924년부터 쑨원은 '반제' 개념을 구호로 내세우면서 민족주의는 세계주의와 결합하여 제기되었는데, 그것은 소련에 의해 강요된 것이었다. 「선언」 이후 쑨원은 국가 독립과 민족 독립 중 국가 독립만을 주장하게 된다.

1925년 3월 31일, 장제스는 「본교 전 관병에 대한 훈화」에서 다음과 같

---

50 孫中山, 『孫中山全集』 第9卷, 北京: 中華書局, 1986, 127.
51 위의 책, 118~119.

이 말하였다.

> 우리의 국부가 이번에 수도를 방문한 것은 국민회의를 개최하여, 삼민
> 주의를 실행하고, 불평등조약을 제거하고, 제국주의를 타도하여, 우리
> 중화민국이 자유롭고 독립된 국가가 되도록 하려는 것이다. … 우리
> 전군의 장수와 당원들은 제국주의를 목표로 삼아 앞으로 나아가기 위
> 해 노력하여, 우리 총리의 주장을 관철하여, 우리의 적인 제국주의를
> 타도하여, 중국을 자유롭고 독립적인 국가로 만들어야, 중국의 국민이
> 총리의 신도가 될 수 있다.
>
> — 蔣介石 1927, 31~32

쑨원이 죽고, 그 권력은 장제스에게 넘어간다. 장제스는 쑨원의 삼민
주의를 계승했을 뿐만 아니라 그의 민족주의도 계승했다. 그것은 중국공
산당도 별반 다르지 않다. 중국공산당은 쑨원의 삼민주의에서도 특히 민
족주의에 부정적이었지만, 그래도 쑨원의 중화민족주의를 계승하여 대
내적 통일을 시도하고 있기 때문이다.

참고자료

廣東省哲學社會科學研究所歷史研究室, 「心理的國家主義」, 『朱執信集』 上冊, 北京: 中華書局出版社, 2012.

瞿秋白, 「自民族主義至國際主義――五七一五四一五一」, 『瞿秋白選集』, 北京: 人民出版社, 1985.

鄧家彦, 「馬丁謁總理實紀」, 『革命文獻』 第9輯, 台灣: 台北出版社, 1955.

梁啟超, 「論近世國民競爭之大勢及中國之前途」, 『清議報』, 1899.

李時友, 「中國國民黨訓政的經過與檢討」, 『東方雜志』 44, 1948.

桑兵, 『孫中山史事編年』 第1卷, 北京: 中華書局, 2017.

孫中山, 『孫中山全集』 第1卷~第11卷, 北京: 中華書局, 1981~1986.

蔣介石, 『蔣介石先生演說集』, 上海: 三民公司, 1927.

張枏・王忍之, 『辛亥革命前十年間時論選集』 第1卷 上冊, 北京: 三聯書店, 1960.

鄭大華, 「民主革命時期中共的"中華民族"觀念」, 『史學月刊』 第2期, 2014a.

_____, 「論晚年孫中山"中華民族"觀念及其影響」, 『民族研究』 第2期, 2014b.

中共中央黨校黨史教研室, 『中共黨史參考資料』 第2冊, 北京: 人民出版社, 1980.

中央檔案館, 『中共中央文件選集』 第1冊, 北京: 中共中央黨校出版社, 1989.

曾琦, 『曾琦先生文集』 上冊, 台北: 中央研究院近代史研究所, 1993.

陳獨秀, 「我們究竟應當不該當愛國」, 『每週評論』 第25號, 1919.

_____, 「華洋人血肉價值的貴賤」, 『向導』 第25期, 1923.

陳柏心, 『中國縣制改造』, 重慶: 國民圖書出版社, 1942.

陳錫祺 主編, 『孫中山年譜長編』 下冊, 北京: 中華書局, 1991.

陳旭麓, 孫中山集外集, 上海: 上海人民出版社, 1990.

夏引業, 「"國族"概念辨析」, 『中央民族大學學報』 第1期, 2018.

郝盛潮 主編,『孫中山集外集補編』, 上海: 上海人民出版社, 1994.

黃興濤,『重塑中華』, 北京: 北京師範大學出版社, 2017.